THÉOPHILE·GAUTIER

SOUVENIRS INTIMES

PAR

ERNEST FEYDEAU

PORTRAIT DE THÉOPHILE GAUTIER

GRAVÉ A L'EAU-FORTE PAR RAJON

PARIS

E. PLON ET Cie, IMPRIMEURS-ÉDITEURS

10, RUE GARANCIÈRE

1874

THÉOPHILE GAUTIER

SOUVENIRS INTIMES

L'auteur et les éditeurs déclarent réserver leurs droits de traduction et de reproduction à l'étranger.

Ce volume a été déposé au ministère de l'intérieur (section de la librairie) en février 1874.

THÉOPHILE GAUTIER

SOUVENIRS INTIMES

I

Il peut sembler, aux esprits superficiels, que tout a été dit sur Théophile Gautier. Et, en effet, depuis le jour si peu éloigné où il a quitté ce bas monde, — *bas* est le mot exact, — on ne lui a épargné ni les flagorneries rétrospectives, ni les anecdotes peu flatteuses, et toutes inventées à plaisir. On a jeté, à profusion, sur son cercueil à peine fermé, les fleurs de la plus pitoyable rhétorique. Les gens qu'il exécrait, en sa qualité d'artiste, et qui le détestaient, en leur qualité de *Philistins;* ceux même que leur vulgarité native empêchait de rien apprécier en lui, ont été les premiers à se faire une sorte de piédestal de sa tombe en le louant le plus sottement possible et outre mesure.

Pour la première fois depuis près de quarante ans que ce travailleur infatigable instruisait le public en le fascinant, on a paru s'apercevoir qu'il avait du génie, on l'a appelé « homme illustre ». Il fait bon de mourir quand on a été longtemps discuté. Il s'en est fallu de bien peu qu'on ne fît à cet écrivain modeste, étranger à la politique, qui dans toute sa vie ne se soucia que de l'art, et c'est là son plus grand mérite, son originalité transcendante ! — des funérailles à la manière de celles des *frères et amis.* Ce qu'il y a de pire pour sa mémoire, c'est qu'il est déjà devenu légendaire. Oui, sa légende est faite; une légende bête, archibête, et le portrait qu'elle fait de lui ressemble autant à l'original que la plus basse caricature à un buste de Phidias. Des hommes sans pudeur, que Théophile Gautier, de son vivant, n'eût pas daigné regarder, se permettent de lui prêter des actions qu'il n'a jamais commises et qui sont absolument étrangères à sa nature, de lui imposer des *mots* qu'il aurait rougi de prononcer.

Ces actions ridicules, ces mots niais s'adaptent nécessairement on ne peut plus mal à l'un des hommes les plus prodigieusement spirituels et les plus fins qui aient existé. On n'y regarde pas de si près en France, lorsqu'il s'agit de gens qui ne sont plus là pour vous démentir. Il y a même des écrivassiers à court de *copie* qui osent se servir de Théophile Gautier, l'homme bienveillant et ménager de la susceptibilité d'autrui par excellence, comme d'une massue pour aplatir ses amis les plus intimes, en inventant sur eux des jugements qui étaient aussi loin de la pensée du célèbre critique d'art que de son cœur.

Bref, grâce à la passion de la *blague*, qui s'est si bien implantée chez nous depuis que les « petits journaux » ont remplacé les recueils sérieux, nous possédons aujourd'hui un Théophile Gautier légendaire qui est absolument la contre-partie du poëte. Les petites infamies dont je parlais tout à l'heure, et qui méritent d'autant plus d'être flétries qu'elles concernent un absent, s'étaient déjà produites à l'occasion de la mort de Sainte-Beuve. Pour revenir à Théophile Gautier, qui est ici seul en cause, il est grand temps qu'un ami, qui ne l'a pour ainsi dire pas quitté pendant ces vingt dernières années, qu'un élève qui a constamment travaillé sous les yeux du maître, reconstitue sa physionomie dans sa sérénité et dans sa beauté.

C'est ce que je vais essayer.

II

Selon mon habitude, je ne parlerai que des choses que j'ai vues, dont j'ai été témoin, qui m'ont été dites à moi-même. Pour me servir dans cette tâche, je puis compter sur une mémoire qui ne m'a jamais fait défaut, et sur des notes prises, depuis que j'ai l'âge d'homme, presque chaque jour. J'ose me flatter que toutes les personnes qui ont vécu dans l'intimité de Théophile Gautier, qui ont été, plus ou moins, les confidentes de sa pensée, le reconnaîtront ici, peut-être pas dans la forme originale et pittoresque qu'il savait donner à ses moindres paroles, mais à sa manière de sentir et de s'exprimer. C'était un homme qui ne faisait pas du tout mystère de ses sensations et de ses impressions. Il les aurait plutôt criées sur les toits.

Tout ce qui se remuait d'intéressant dans son cerveau, et qu'il ne croyait pas pouvoir consigner dans ses feuilletons et dans ses livres, il en faisait part, volontiers, tout naïvement, par amour de l'épanchement, au premier auditeur qui se trouvait à sa portée. C'est ainsi que, sans compter auprès de lui parmi ses amis de la première heure, il m'a été possible de recueillir bon nombre de choses qui le feront autant et mieux connaître que la plupart de ses écrits. Je dirai tout de suite que ce parfait lettré, cet inimitable artiste, ce très-grand poëte, fut l'un de ceux que ses contemporains ont le plus méconnus, ou le moins connus. Et il n'y a rien de bien surprenant à cela. C'est une habitude française. « Pierre Corneille est complé- « tement ignoré à Rouen, sa ville natale », me disait son compatriote Flaubert.

III

Il y a à peu près une trentaine d'années, étant encore presque un enfant, je demeurais avec ma famille au cinquième étage d'une maison qui existe encore à l'angle des rues Fontaine Saint-Georges et Chaptal, et dont l'entre-sol était occupé par Gavarni. Nous nous étions liés avec notre voisin ; j'allais souvent chez lui. Et presque chaque semaine, ordinairement le samedi, c'était le jour où il recevait, j'y voyais venir, quelquefois en compagnie de Balzac, le plus habituellement seul, une manière d'excentrique, d'environ trente ans, dont la chevelure et le costume attiraient dans la rue l'attention de tous les passants.

Tout le monde le connaissait dans le quartier qu'il habitait, et le nommait tout haut en le voyant. C'était Théophile Gautier. Ses cheveux d'un châtain foncé, qui faisaient admirablement valoir son teint mat et ses yeux noirs, comparables à ceux d'un Mérovingien, lui descendaient littéralement jusqu'à la ceinture. Il portait ordinairement une veste de velours noir, un pantalon à pieds et des babouches de cuir jaune. Ainsi vêtu, nu-tête, le cigare à la bouche, se tenant droit sous un large parapluie déployé lorsqu'il pleuvait, sans souci de ce que les badauds et les *bourgeois* scandalisés pouvaient dire et penser de lui, il s'en allait tranquillement par les rues, s'arrêtant aux étalages des marchands, et ne dédaignant pas de causer avec les commères qui se trouvaient sur les trottoirs. Il avait une tête remarquablement belle, l'air fort doux, majestueux, et Gavarni, qui, bien que bon enfant, n'était pas toujours tendre pour le « pauvre monde », paraissait faire le plus grand cas de lui.

« C'est un poëte ! » me disait-il, comme pour excuser son ami, lorsque, en ma qualité d'adolescent, esclave des modes, je me permettais de critiquer la crinière et les babouches du « *Jeune France* ». Je dois dire dès à présent, pour expliquer le Théophile Gautier de cette époque, que, vers l'année 1840, le romantisme, dont mon futur ami était l'une des colonnes et l'une des gloires les plus sûres, avait violemment développé les formes les plus baroques de l'excentricité. C'était le temps où madame Dudevant adoptait le nom masculin qu'elle devait illustrer — George Sand; — où elle se montrait en public portant des habits d'homme; on avait vu tout récemment les saint-simoniens se promener par tout Paris déguisés en pages Renaissance; Romieu et le comte de Saint-Cricq rivalisaient d'inventions *abracadabrantes* pour faire partout parler d'eux; lord Seymour organisait des descentes de Courtille que le « tout Paris » le plus élégant allait voir.

On s'occupait partout, très-sérieusement, à s'amuser. Il y avait dans l'air comme une brise de jeunesse qui incitait toutes les âmes au plaisir. C'était surtout dans l'énorme pâté de maisons circonscrit par les rues des Martyrs, Saint-Lazare, de Clichy et le boulevard extérieur, quartier connu sous le nom de *la Nouvelle-Athènes*, que s'abritaient les plus transcendantes folies, les inventions les plus pittoresques. Là demeuraient, un peu pêle-mêle avec une foule de jeunes et jolies femmes absolument dépourvues de préjugés, et qui, chenues et vieilles aujourd'hui, exercent les professions de portières, d'ouvreuses de loges et de revendeuses à la toilette, presque tout ce que la France compte d'illustrations dans les beaux-arts, et qui, blanchis, cassés, ridés, ratatinés, abritent maintenant leurs rhumatismes sous la coupole de l'Institut.

La gravité habitait place Saint-Georges, avec M. Thiers; mais tout le long des rues de Navarin, Breda, Pigalle, on ne rencontrait que des peintres et des statuaires dont les costumes différaient peu de celui précité de Théophile Gautier. Le poëte logeait dans une immense maison de la rue de Navarin, qui n'existe plus, qu'on nommait la « maison Botherel », et dans le jardin de laquelle il s'amusait, à ses moments perdus, à tirer des feux d'artifice. Il n'était guère connu de ses voisins que comme excentrique. Sa personnalité si tranchée, et qui ne devait jamais s'affirmer dans le sens où elle aurait dû l'être, disparaissait alors tout entière derrière celles plus tapageuses de Victor Hugo, d'Alexandre Dumas et d'Alfred de Musset.

Presque personne alors, dans Paris, à l'exception de Gavarni, de Balzac et de quelques autres raffinés d'art, ne soupçonnait qu'il y avait un poëte, et un véritable lettré, dans la plus large et la plus honorable acception du mot, dans cet original aux longs cheveux, dont la face de lion respirait une sérénité exquise. Que dis-je! non-seulement, sauf quelques artistes, on ne se doutait pas de ce qu'il était, de ce qu'il valait; mais on lui en voulait mortellement de son bien innocent travers. Et cependant, à cette époque, il avait déjà publié un volume de poésies : *Albertus*, — 1833; — *les Jeune France*, même année; — *Mademoiselle de Maupin*, — 1836; — et enfin, *la Comédie de la mort*, — 1838. — Mais ces livres, si divers quoique si homogènes, tout en fondant sa réputation chez les artistes et les lettrés, chez ceux surtout qui se trouvaient entraînés dans le grand mouvement du romantisme, n'étaient pas faits, et il le savait bien, et il s'en moquait, pour lui ramener le gros du public. Les « gens de poids », négociants, rentiers, officiers ministériels, qui avaient été à même de le rencontrer et de le lire, estimaient, presque tous, que son costume et sa crinière allaient de pair avec ses livres.

Le Gautier critique d'art ne s'était pas encore révélé pour leur nuire. Ils se nuisaient suffisamment à eux-mêmes par leur propre nature et leur beauté spéciale auprès du public dont je parle, et qui fait la loi aujourd'hui. Le goût du raffinement, apporté au monde en naissant, qui faisait préférer à Théophile Gautier l'étrange au naturel, le compliqué au simple, le ragoût épicé au condiment fade, devait forcément passer, aux yeux des naïfs et des gens vulgaires, pour une perversité dangereuse, dont son costume *truculent* était la manifestation extérieure. Il n'y a jamais nulle part ni modération ni justice. Les hommes qui choquent les foules sont condamnés d'avance à être dévorés par elles. Lord Byron, pour s'être permis d'aller une fois au théâtre en compagnie d'un ours apprivoisé, lequel, il faut lui rendre cette justice, écouta la musique avec toute la gravité d'un pair d'Angleterre, fut publiquement accusé, — pas l'ours, mais le poëte, — de nourrir les goûts singuliers qui attachaient Socrate à son disciple Alcibiade ; et cela, on en conviendra, n'avait que des rapports bien éloignés avec le développement de la mélomanie chez les carnivores plantigrades.

Théophile Gautier expia longtemps l'originale beauté de ses vers et sa chevelure mérovingienne. Je ne sais pas de quelles stupides calomnies on se priva de l'accuser dans son quartier. La préface de *Mademoiselle de Maupin* aidant, qui était un éblouissant défi porté à toutes les vulgarités du public, ce ne fut plus de la colère qu'il excita, mais de la rage. Je me souviens avoir vu un pâtissier de la rue Breda lui montrer le poing pendant qu'il avait le dos tourné. Un monsieur qui commettait des articles de critique dans un journal demanda sérieusement qu'on le fît passer en cour d'assises. Un jour que je lui parlais de cette époque où l'exubérance de la jeunesse se traduisait chez lui par de beaux livres et des fantaisies bien innocentes, son visage s'illumina de ce large et bienveillant sourire qui lui était habituel, et il me répondit doucement

— Nous nous amusions.

IV

Il ne s'amusait cependant pas tout à fait autant qu'il le disait. Lorsqu'on lui rappelait ce temps heureux de sa jeunesse où il était beau, à peu près libre, et où il avait tout le loisir nécessaire pour faire des vers, si on l'interrogeait sur les succès qu'il ne pouvait manquer d'avoir obtenu, il prenait une sorte de douloureux plaisir à raconter une aventure qui lui était arrivée, et qui montrait bien, selon lui, à quel point surprenant les poëtes ont toujours été aimés du beau sexe.

« Le plus joli succès de femmes dont j'ai le droit de me vanter, disait-il, est celui-ci : je venais d'avoir vingt-cinq ans, je prenais un certain plaisir à voir un commencement de réputation se faire autour de mon nom, et, sur la foi de quelques-uns de mes bons amis, je pensais qu'il me suffirait bientôt de me présenter devant la plus séduisante femme du monde pour l'éblouir et la mettre en demeure de *couronner ma flamme*. — style de Jean Racine.

« Un soir, je fis la connaissance, dans un théâtre des boulevards, d'une femme... c'était la distinction, la séduction elle-même ; je n'en dirai pas davantage. On aurait juré à la voir, et surtout à l'entendre, que le Prince Charmant était à peine digne de baiser le bout de ses doigts. Je me présente, on me fait une mine gracieuse et polie, je mets en œuvre les petits et les grands moyens, je me livre à une cour qui, dans ma pensée, aurait dû toucher le cœur de la plus cruelle, et... je suis reçu comme un chien. La belle ne passait cependant pas, auprès de ses petites camarades, pour être d'une vertu bien farouche.

« Quel est donc, » me disais-je, « l'heu-« reux homme, le dieu qui a trouvé le « chemin de son cœur? » Dans ma pensée, il était absolument impossible qu'une si ravissante créature n'aimât personne. Je ne pouvais admettre que le divin Démiourgos eût pris la peine de mouler ces formes exquises pour les laisser improductives et inutiles. « Elle ne m'aime « pas », me disais-je, « donc elle en aime « un autre. » Cela n'était peut-être pas très-logique, mais quand on est amoureux, on n'y regarde pas de si près. Par un beau soir d'été, comme je me promenais aux Champs-Élysées, je rencontrai ma belle donnant le bras à une de ses amies et causant très-activement avec elle. L'idée me vint que je pourrais peut-être connaître son secret, si je savais m'y prendre avec adresse.

« Je feignis de ne pas les voir, je me mis à les suivre, et je prêtai l'oreille à leurs petits épanchements, ce qui était très-mal, mais de bonne guerre. Son amie la pressait; elle avait l'air de se défendre, de ne vouloir pas parler; enfin elle se décida à prononcer ces mots, dont je ne perdis pas une syllabe : « J'aime « Frédéric, coiffeur au Havre. » Vous pensez que cette confession ne me fit qu'un médiocre plaisir. La belle, cependant, comme si elle m'avait su là, tout près d'elle, et comme si elle n'avait voulu me laisser aucun doute sur la nature de ses sentiments, répéta plus de quatre fois sa maudite phrase : « J'aime Frédéric, coiffeur « au Havre. » Ceci vous prouve, ô jeunes gens ! que si vous avez eu, en vous lançant dans la littérature, l'idée sournoise et subreptice que vos chefs-d'œuvre vous serviraient à *faire des femmes*, comme on s'exprime au noble faubourg, vous vous êtes un peu trompés. Quels que soient vos succès littéraires, votre beauté, vos amabilités apparentes ou cachées, croyez-en mon expérience, les femmes auxquelles vous vous adresserez vous préféreront éternellement « Frédéric, coiffeur au Havre. »

V

Tel était le genre d'esprit familier de Théophile Gautier, quand il était avec ses intimes et que nul *Philistin* ne pouvait le gêner de sa présence. Je n'ose me flatter d'avoir réussi à rendre, en transcrivant cette anecdote, dans toute leur couleur pittoresque, les expressions dont mon ami se servait. Je puis certifier le sens et la tournure générale de la chose. Quant à l'accent, au regard, au geste, nul ne pourrait se permettre de les interpréter. Tout était spirituel en Théophile Gautier. Voltaire avait un autre genre d'esprit, il n'en avait pas davantage.

VI

C'est de *Mademoiselle de Maupin* que date la réputation de Théophile Gautier. Ce qu'il avait fait auparavant n'avait pas pénétré dans les masses. Les artistes de son quartier, qui tous le connaissaient, au moins de vue, savaient qu'il était né à Tarbes, avait étudié la peinture dans l'atelier de Rioult, puis, lâchant les pinceaux pour la plume, — il le regretta toute sa vie! — s'était laissé entraîner dans le tourbillonnement romantique déterminé par Victor Hugo, dont il fut l'apôtre le plus dévoué et le plus fervent. On avait lu plus ou moins à l'atelier les poésies du jeune maître, discuté ses tendances, admiré sa manière, qui ne relevait que de lui-même, — quoi qu'en ait pu dire Sainte-Beuve, qui faisait dériver Théophile Gautier du *René* de Chateaubriand ; — mais le gros du public, qui ne voyait dans Victor Hugo qu'un poëte ennuyeux et boursouflé, ne lisait pas Musset, se passionnait pour Scribe, se délectait aux pièces de Casimir Delavigne, ignorait alors jusqu'au nom de l'auteur des *Jeune France*.

Et pourtant, avec une verve cruelle dont on aurait pu lui savoir gré, Théophile Gautier, dans ce livre, raillait le plus spirituellement du monde, avec toute la conscience et toute la finesse dont il était capable, les travers innocents qu'il affectait de partager. *Mademoiselle de Maupin*, dont la seule préface suffirait pour faire la réputation d'un homme, ce chef-d'œuvre d'ironie, de bon sens, de style, véritable code littéraire que tout débutant dans l'art de penser et d'écrire devrait connaître par cœur; *Mademoiselle de Maupin* rendit d'un seul coup populaire le nom de Théophile Gautier, tout en le faisant cordialement mépriser — il faut l'avouer à la honte de ceux que Voltaire traitait de Welches avec tant d'autorité — par la foule inepte et spéciale qui a la manie de chercher dans les livres exactement le contraire de ce que les auteurs y ont voulu mettre.

Je me souviens encore que six ans après l'apparition de ce livre tant discuté, et qui l'est toujours, il se livrait, dans l'atelier de Gavarni, de grands combats de paroles autour de lui. Il ne manquait, parmi les habitués de l'entre-sol de la rue Fontaine Saint-Georges, ni de gens de savoir, ni d'hommes d'esprit. Il faut citer d'abord, en tête, le maître du logis, puis son gros ami de Balzac, Théophile Gautier, le discuté, Henry Monnier, Nestor Roqueplan, Forgues, le même qui, plus tard, devait aller se dépayser à la *Revue des Deux-Mondes* sous le nom de Old Nick; et puis encore Méry, Alphonse Karr, Laurent Jan, toujours tout hérissé de traits mordants; Lassailly, l'excentrique; Aussandon, le médecin fantaisiste. J'en passe, et des plus amusants. C'est dans cet atelier, où je n'étais admis qu'à titre de voisin et d'aspirant dans l'art littéraire, et où l'on m'appelait familièrement *le moutard,* étant le plus jeune de la bande, que j'acquis les premières notions de la poésie, et voici à quelle occasion :

Gavarni, en toute chose, du moins à l'époque où je le connus, se montrait invariablement un peu théâtral. Il ne se contentait pas d'imaginer et de coucher sur la pierre à lithographie les charmants travestissements que tout le monde connaît aujourd'hui et dont aucun artiste ne serait capable de créer les équivalents; il les portait lui-même au bal, avec beaucoup de distinction, et les faisait porter à ses amis les plus intimes.

On ne le rencontrait guère dans la rue que drapé dans un crispin à l'espagnole; le moindre de ses gestes était soigneusement étudié; il avait un air de hauteur mêlé de réserve que je n'ai jamais vu qu'à lui et qui le faisait remarquer en tout lieu, quoi qu'il fît pour se perdre dans la foule.

Un jour, comme je me trouvais chez lui en compagnie de Balzac et de Théophile Gautier, il alla s'adosser à la cheminée, fumant sa cigarette, et tout à coup me dit :

— Approchez ici, le moutard.

Je m'avançai. Il me posa la main sur l'épaule, avec un geste qui paraissait emprunté à Frédérick-Lemaître, puis il se mit à déclamer les vers suivants :

> Viens, nous verrons danser les jeunes bayadères
> Le soir, lorsque les dromadaires
> Près des puits du désert s'arrêtent fatigués.

Il me passa soudain dans l'esprit comme un éblouissement. Il me semblait que l'Orient tout entier se levait dans ma jeune imagination.

— Qu'est-ce que cela? lui demandai-je.

— Ce sont des vers des *Orientales*.

— Mais, qu'est-ce que les *Orientales?*

Mon ignorance était excusable. Je n'avais guère plus de dix-sept ans.

— C'est le chef-d'œuvre de Victor Hugo, dit de Balzac.

— Alors, qu'est-ce que Victor Hugo ?

— C'est un poëte, un très-grand poëte, le plus grand de tous les poëtes, répondit Théophile Gautier.

Je devais avoir l'air intelligent d'une carpe qui écoute chanter un rossignol. Je ne demandai pas ce qu'était un poëte, mais il paraît que tout en moi, regards, gestes, attitude, le demandait.

Gavarni ouvrait les lèvres pour répondre, mais Théophile Gautier lui coupa la parole :

— Un poëte, monsieur, me dit-il avec un ton de gouaillerie inimitable, est une sorte de bête malfaisante qui marche à quatre pattes, recourbe en l'air, sur son échine, une queue de dragon, souffle du feu par les narines, siffle comme un serpent, et projette entre ses dents un dard fourchu. De temps à autre, quand le temps est sec par exemple, cette bête horrible revêt une forme humaine. Elle s'habille de rouge, porte une perruque à la Louis XIV, chausse des souliers à la poulaine, un poignard de Tolède brille à sa ceinture, et elle mène l'existence la plus crapuleuse qu'il soit possible d'imaginer.

Cette existence ne se compose que d'orgies où le vin de Syracuse coule à flots dans les hanaps d'or, où les femmes sont encore plus décolletées, en bas et en haut, qu'à l'Académie royale de musique, où l'on joue un jeu infernal, ainsi qu'on peut le voir dans l'opéra de *Robert le Diable*. Quand ils ont fini leurs orgies, les poëtes rentrent chez eux, non pour y travailler, il est certain qu'ils ne travaillent jamais et que leurs vers se font invariablement sans qu'ils s'en doutent; mais pour y recevoir les éditeurs, qui les abordent en se traînant sur les genoux et leur offrent sur des plats d'argent des monceaux d'or. Vous savez maintenant, monsieur, ce que c'est qu'un poëte. Veuillez en faire part à vos amis et connaissances, si toutefois vous en avez.

Vingt ans plus tard, lorsque, vivant dans l'intimité de Théophile Gautier, il m'arrivait de lui rappeler cette sortie si amère, il souriait d'un triste sourire.

— Mon cher, me disait-il, j'espère que tu ne m'as pas gardé rancune des impertinences que je te débitais alors. Je cherchais beaucoup moins à te faire *poser* qu'à te donner une idée approximative des gracieusetés dont les journaux du temps me régalaient presque chaque jour. Oui, tandis que je me livrais à un travail cyclopéen, comme je l'ai toujours fait d'ailleurs, depuis que je sais me servir d'une plume, on me traitait partout d'ivrogne, de débauché, de fainéant; on me prêtait généreusement tous les vices. Fainéant! reprenait-il avec un geste de dégoût, et je meurs littéralement de fatigue !

VII.

Ces injures, ces invraisemblances, ces sottises qui faisaient quelquefois sortir le paisible et serein poëte de son caractère, provenaient presque uniquement du scandale produit par la publication de *Mademoiselle de Maupin*. A ce propos, je me permettrai de dire que, à mon avis, les gens vertueux de l'an de grâce 1834 se voilaient la face pour peu de chose. Nous sommes si bien moutons de Panurge, en France, et notre paresse s'accommode si facilement des jugements tout faits, que, même encore aujourd'hui, le chef-d'œuvre de Théophile Gautier est presque partout renommé comme un monument d'immoralité. Je ne sais rien de plus effroyablement absurde, et je vais essayer de le démontrer.

Je ferai d'abord remarquer que Théophile Gautier, au rebours de presque tous les auteurs nés malins, se prive volontairement d'un grand avantage dans tous ses livres. Loin de chercher à flatter le public, à le prendre par une de ses fantaisies ou de ses faiblesses, à adopter ses préjugés, il a constamment l'air de le braver ou de le railler; il le heurte de front en toute circonstance, mettant une ironique et hautaine affectation à ne s'adresser qu'à ceux, infiniment rares, qui, comme lui, ne sont capables de se passionner que pour la beauté, et ne cherchent dans l'art que l'art même. Sainte-Beuve n'osait conseiller la lecture de *Mademoiselle de Maupin* à aucune de ses lectrices, et disait de ce beau roman qu'il était « un livre de pathologie ».

Moi qui suis infiniment moins raffiné que Sainte-Beuve et qui ne cherche jamais « la petite bête » dans les productions de l'esprit, je ne conseillerai peut-être pas davantage à aucune femme de lire le volume en question, tout accompli que je le trouve ; mais je dirai que je ne puis voir et ne verrai jamais dans le chef-d'œuvre de Théophile Gautier qu'un ouvrage de pure plastique. Selon moi, l'excessive moralité de ce livre étrange est tout entière dans ceci : *le culte de la beauté*. La trame du sujet est aussi menue que possible. Une jeune fille d'une vingtaine d'années, de grande naissance, à l'esprit vif et audacieux, au caractère entreprenant, une de ces belles et singulières créatures qui ne ressemblent à personne et qui, selon les temps et les lieux, peuvent être Marphise, Mademoiselle de l'Enclos, Diana Vernon, poussée par l'instinct vague d'une curiosité peu commune, mais compréhensible, s'est mis en tête de savoir ou plutôt d'apprendre par elle-même, et non par on dit, ce que les hommes pensent réellement des femmes. Elle est devenue libre, entièrement maîtresse d'elle-même par l'héritage d'un riche parent, elle revêt un costume d'homme et se met à courir le monde. Il lui arrive diverses aventures qu'il est inutile de raconter, et l'on peut voir d'ici le parti qu'un homme d'esprit, de style et d'imagination comme Théophile Gautier, a pu tirer d'une situation si piquante : Un jeune homme pétillant d'esprit, éblouissant de beauté, qui, à tout prendre, n'est qu'une ravissante et curieuse fille d'Ève.

Les femmes se laissent tromper par son déguisement, et les voilà amoureuses de la belle! Elle finit par rencontrer un jeune homme fort surprenant, à qui l'auteur, ainsi qu'il arrive souvent, a généreusement prêté ses goûts et son caractère: Il est triste, il s'ennuie, il est blasé sur toute chose, et il n'a même pas goûté le plaisir. Il n'aime dans tout le monde qu'une seule chose : la beauté; il l'aime avec une passion qui ne peut jamais être satisfaite, car la beauté réelle, matérielle, dans sa forme la plus parfaite, n'approche même pas de celle qui se lève dans l'imagination des poëtes. Pour mieux dire, la plus splendide réalité ne vaudra jamais l'idéal. Le héros de Théophile Gautier, qui n'est autre que lui-même, s'est trompé de siècle et de contrée en venant au monde. Il devait naître en Grèce, au temps de Périclès.

C'est là qu'il voudrait vivre, jusque-là qu'il voudrait remonter, et c'est même bien plus dans ce fait que dans l'intrigue qu'il faut chercher le fond, l'âme du roman. Une seule scène, à la fin du livre, dans laquelle l'auteur ne pouvait absolument pas s'empêcher de parler aux sens, car sans cela l'ouvrage ne concluait pas, suffit pour faire repousser par les gens timides le roman tout entier, et l'auteur lui-même. Ainsi qu'il arrive fort souvent, la foule condamna *Mademoiselle de Maupin,* non pour les choses que l'auteur y avait mises, mais pour celles que ses ennemis s'entêtaient à y voir, pour lui faire pièce.

VIII

Mademoiselle de Maupin, bientôt suivie de la *Comédie de la mort* et de *Une larme du Diable*, forme la première période de la vie littéraire de Théophile Gautier, celle pendant laquelle les circonstances lui permirent le mieux de travailler selon ses goûts et sa manière. Si le poëte avait eu un peu de fortune, si ses travaux antérieurs lui avaient seulement procuré l'aisance dont il était si digne et qu'il avait si bien méritée, il aurait vraisemblablement donné au public une longue suite d'œuvres de la valeur et du haut relief des premières, et, à mesure qu'il aurait réussi dans la vie, son génie se serait de plus en plus accentué dans le sens de son originalité. Malheureusement, il ne nous est jamais permis de faire ici-bas la chose à laquelle nous aimerions le plus nous consacrer et pour laquelle nous paraissions avoir été tout exprès créés. Les événements s'agencent si bien sur la terre qu'on y voit perpétuellement les gens travailler, malgré eux, directement au rebours de leur vocation et de leurs aptitudes spéciales. C'est comme si, dans le monde des animaux inférieurs, on voyait constamment les chevaux de course attelés à de pesantes charrettes, les oiseaux se traîner péniblement sur la terre, les ailes coupées. Ces deux comparaisons ne sont malheureusement que trop exactes, se rapportant à la seconde période de l'existence de Théophile Gautier.

« J'étais né », disait-il souvent à ses amis, « pour faire des voyages et écrire des « vers. »

En 1840, il avait réalisé l'un des plus impérieux désirs de sa jeunesse, celui de parcourir l'Espagne et de la décrire. Né à Tarbes, il était, par sa figure, l'aimable sérénité de ses manières, le tour méridional de son esprit, presque tout Espagnol. Il aimait le Midi, son ciel, ses paysages « où il y a si peu de vert », ses terrains cuits, ses routes poudreuses, sa population grave dont le parler est plein de tournures poétiques. Il se rappelait que, tout enfant, il avait, dans sa ville natale, vécu de l'existence rêveuse, presque artistique, qui semble être le propre des peuples heureux qu'aime le soleil. A ce propos, je remarquerai que pareille chose était arrivée à Gavarni, qui, de race bourguignonne et né à Paris, ayant été employé au cadastre, à Tarbes, dans sa jeunesse, et contraint de parcourir, en la mesurant, la région des Pyrénées, avait gardé dans ses manières, dans ses habitudes, dans sa façon de parler, dans son costume, quelque chose des Espagnols. Je me souviens, dans mon extrême jeunesse, entre quatorze et vingt ans, avoir été conduit près de cent fois par Gavarni dans les bals travestis les plus courus de la capitale.

Ceux que donnait Berthellemot, le confiseur du Palais-Royal, étaient surtout célèbres par le nombre et la variété des costumes, les jolies femmes et les hommes distingués qu'on y rencontrait. Gavarni y portait invariablement le travestissement de muletier valencien, et je ne pense pas qu'aucun homme au monde aurait pu se draper dans la mante de laine jaune et

rouge avec plus de dignité et plus de grâce.
L'illusion était complète et parfaite. Par
amour de la couleur locale de l'Espagne,
il ne fuma jamais que la cigarette. Sa conversation était invariablement émaillée de
mots espagnols. Il avait l'air, enfin, et de
tout point, à cette époque, d'un compatriote
de Cervantes exilé chez les Welches de
Paris. Mais je reviens à Théophile Gautier.

A son retour d'Espagne, il était dans
toute la plénitude de son talent : il s'était
complété ainsi, en se promenant à travers
la vieille et poétique contrée dont il se
sentait l'un des fils; il ne lui manquait
plus qu'un peu de loisir — et d'argent —
pour créer une longue suite d'œuvres qui,
toutes, auraient été certainement au moins
les égales des premières. Malheureusement, « on n'est pas impunément poëte en

ce temps-ci, dit Sainte-Beuve[1]; à peine a-t-on prouvé qu'on l'était bien et dûment avec éclat ou distinction, que chacun, à l'envi, vous sollicite de cesser de l'être. La prose, de toutes parts, sous toutes les formes, vous sourit, vous invite, vous tente, et finalement vous débauche. » La prose ne tentait nullement le pauvre Gautier, quoiqu'il y réussît fort bien; mais la nécessité de se créer des ressources régulières et assurées le poussait dans la voie d'où l'éloignaient ses goûts, ses idées, la préoccupation de son avenir littéraire. En 1837, il entra au journal *la Presse* en qualité de critique d'art et de critique dramatique. Il y resta juste dix-huit ans, et c'est là que commence la période la plus pénible de son existence, période sur laquelle je ne tarderai point à revenir plus à loisir.

---

[1] *Nouveaux lundis*, tome VI.

IX

Théophile Gautier débuta à la *Presse* par des articles d'art sur les peintures murales exécutées par Eugène Delacroix à la Chambre des députés.

Le succès qu'il obtint fut immense. Un critique qui savait écrire, qui excellait dans l'art de bien dire! jusqu'alors, cela ne s'était jamais vu. Celui-ci avait une qualité particulière pour faire autorité en parlant de peinture, c'est qu'il avait été peintre, qu'il l'était encore, qu'il adorait cet art dont il parlait avec tous les regrets de la vocation contrariée. Les peintres reconnurent aussitôt en lui un des leurs. Il était exclusif dans ses théories, sans aucun doute, comme le sont tous les gens convaincus ; mais il avait un très-grand fonds de bienveillance, et il le garda toute sa vie, cherchant toujours à dégager et à faire valoir les qualités, quelles qu'elles fussent, des œuvres qu'il examinait.

« Il est si doux de louer ! » écrivait-il un jour. Tout Gautier, le Gautier critique, est renfermé dans cette bonne parole. Il pensait, et il enseignait, que le devoir le plus impérieux des critiques d'art n'était pas de décourager les artistes, de leur mettre sous les yeux les taches qui se trouvent dans leurs œuvres, de leur nuire auprès du public, et de les faire douter d'eux-mêmes, mais bien de les encourager, de les fortifier contre les défaillances, de les défendre contre les envieux et de mettre en relief leurs qualités les plus particulières, celles qui n'appartiennent qu'à eux-mêmes. Comme, dans le temps où nous vivons, il n'est jamais possible de faire le bien sans être soupçonné de pratiquer le mal, tous les jaloux, tous les impuissants, tous les ânes sans talent qui prodiguaient alors l'injure aux artistes dans les feuilles publiques, exaspérés de voir ce nouveau venu leur faire ainsi la leçon sans les nommer, et leur apprendre les premiers éléments de leur métier, organisèrent contre Théophile Gautier une vilaine petite conspiration qui consistait à le représenter, en toute occasion comme un homme banal, « disant du bien de tout le monde ».

Il suffit de relire les articles de critique de l'auteur des *Jeune France*, réunis par les soins de son ami Hetzel[1], pour acquérir la preuve que cette allégation est une chose indigne. Théophile Gautier ne mettait pas sa gloire à barrer le chemin aux jeunes, à les empêcher d'arriver; mais il ne cessa jamais d'attaquer la vulgarité toute-puissante. Il n'est pas un artiste qui ne se souvienne de la rude guerre qu'il fit, trente ans durant, tout en rendant justice à leurs qualités, à Paul Delaroche, à Casimir Delavigne et à Scribe, qu'il regardait, avec raison, comme des gens médiocres ayant usurpé la place du savoir et du talent. Un écrivain banal, loin de les attaquer, se serait certainement rangé de leur bord.

[1] *Histoire de l'art dramatique en France depuis vingt-cinq ans.* 1859.

X

Théophile Gautier n'était pas trop à plaindre comme critique d'art. Il se sentait dans son élément, parlant de peintres et de peintures. On lui laissait toute liberté pour en dire tout ce qu'il voulait dans les journaux, la chose n'intéressant que médiocrement les directeurs des feuilles graves, qui, au surplus, n'y entendaient goutte.

Afin de ne froisser aucune susceptibilité, il avait adopté dès le début un système de compte rendu qui devait merveilleusement lui réussir, s'adaptant très-exactement à la nuance la plus prononcée de son talent;

il décrivait aussi exactement que possible, je pourrais dire minutieusement, les toiles qu'il voulait faire connaître au public, puis il donnait son opinion sur leur valeur artistique.

Il n'y avait aucune pédanterie dans ses jugements; quoiqu'il eût manié la palette et les brosses, il n'eut jamais la prétention d'apprendre son métier à aucun artiste; il avait le goût assez pur, les instincts assez délicats, pour discerner toujours les qualités réelles, le côté véritablement original du talent de chaque peintre; il ne lui demandait jamais de changer de genre, de manière; pourvu qu'il progressât dans le sens où ses qualités se développaient le plus naturellement, le juge était content.

Je n'ai jamais connu d'amateur de peinture qui eût au même degré que

Théophile Gautier la faculté de se plaire aux écoles d'art les plus diverses, d'apprécier les œuvres les plus différentes. Sans doute, de même que les appréciateurs les plus compétents, il avait ses préférences : entre le système d'art d'Eugène Delacroix et celui d'Ingres, il inclinait vers ce dernier.

L'amour qu'il eut toujours pour la beauté, pour la pureté de la forme dans les arts plastiques, et qui faisait de lui, comme je le lui disais, bien plus un classique raffiné qu'un romantique, — et il en convenait! — le rendait beaucoup plus sensible au charme du dessin correct et pur de l'auteur de la *Source,* qu'à l'enragée magie de couleurs du peintre des *Femmes d'Alger.*

« Eugène Delacroix, me disait-il un jour, est un maître qui peut marcher de pair avec les plus grands maîtres. Il n'y a rien, à l'époque de la Renaissance, qui soit supérieur à ses bons tableaux. Jamais la science de la couleur, le charme du relief, le *ragoût* du mouvement n'ont été poussés aussi loin. La *Noce juive*, *Rebecca*, les *Croisés à Constantinople*, et quelques-unes de ses autres toiles, sont des œuvres qu'on devrait placer au Louvre, à la place d'honneur, et qui supporteraient parfaitement le voisinage de Paul Véronèse. A l'Exposition universelle de 1867, Delacroix a tout effacé, j'en conviens, mais toi qui es un de ses admirateurs les plus forcenés, tu conviendras également qu'on voit souvent, dans ses tableaux les plus *lâchés*, quelques mains à six doigts, des jambes articulées à rebours, le genou prenant la place du jarret, et cela, quel que soit le respect qu'on ait pour le pittoresque, est tout à fait inadmissible. »

Il disait aussi quelquefois :

« Ingres n'est pas un grand coloriste, et je ne conseillerai à personne de suspendre la meilleure de ses toiles à côté de la plus médiocre de Delacroix. Mais ce diable d'homme possède à un tel degré la science du dessin, que, en six coups de crayon, il atteint le même relief, il arrive au même *rendu* que Delacroix avec sa furie de couleurs. »

Théophile Gautier aimait la peinture proprement faite; il haïssait, à un égal degré, le grossier et le pompeux. Il se montra toujours assez peu sensible aux brutalités de brosse de Courbet, et aux allures par trop bibliques de François Millet, tout en rendant la justice qui leur était due aux qualités de ces deux maîtres. Comme je regardais un jour avec lui je ne sais quel tableau représentant une femme nue, laquelle marchait à quatre pattes, auprès d'un gros chat noir, et qui était signé de Manet, je me rappelle qu'il me dit :

— Évidemment, ce tableau n'est pas sans talent. Il en a même beaucoup. Mais cela fait lever le cœur.

— Quel est donc, selon toi, lui demandai-je un jour, le principe fondamental de la peinture?

— Le voici, me répondit-il. Avant tout, la peinture ne doit pas faire horreur.

XI

Il est très-regrettable que les *Salons* de Théophile Gautier n'aient pas tous été réunis en volumes. Je ne connais que celui de 1847 qui ait été publié par Hetzel. Il me semble qu'il ne serait pas trop tard aujourd'hui pour recueillir les autres dans les journaux où ils sont disséminés, et les joindre aux œuvres complètes du fécond écrivain qui seront vraisemblablement éditées un jour par un libraire intelligent. Pour le moment, il faut se reporter aux volumes intitulés *l'Art moderne* et *les Beaux-arts en Europe*, pour étudier l'esthétique de Théophile Gautier. Messieurs les peintres et statuaires pourront longtemps attendre un appréciateur aussi éclairé et aussi bienveillant que lui. Il aimait à pousser le public vers leurs œuvres. L'histoire entière de l'art lui était familière. Il parlait aussi congrûment de Léonard de Vinci et de Raphaël que de Flandrin et de Meissonier.

XII

Je disais précédemment que Théophile Gautier n'avait pas été trop à plaindre comme critique d'art, et qu'on lui avait toujours laissé toute liberté d'appréciations dans les journaux où il écrivait. Il n'en était malheureusement pas de même pour la critique théâtrale. Mais comme je vais toucher ici à l'un des points les plus douloureux de l'existence de mon ami, je demande la permission de débuter par un indispensable préambule.

Le théâtre, en ces derniers temps, a pris des proportions considérables dans nos mœurs. Pour une raison ou pour une autre, une foule de gens s'y intéressent qui ne sont pas du tout des gens littéraires et entendent peu de chose à l'art dramatique. Ce fait provient de deux causes : de la quantité d'intérêts matériels divers qui se groupent autour de toute entreprise théâtrale, et de l'attraction qu'exerceront toujours les femmes, jeunes et jolies pour la plupart, qui, selon l'expression consacrée, « montent sur les planches ».

Aujourd'hui, dès qu'il est question quelque part d'une pièce de théâtre, vous voyez une foule de gens se lever de bonne heure, passer rapidement leurs habits des dimanches, se précipiter chacun dans un fiacre et courir en un grand nombre de lieux différents, dans le but de tirer pied ou aile du gibier levé devant eux. L'auteur va chez les directeurs, son manuscrit sous le bras ou dans la poche; de là il vole au ministère où sont enterrés les beaux-arts, afin de bien prédisposer messieurs les censeurs ; ne faut-il pas encore qu'il rende visite à quelques-unes des artistes qui voudront bien interpréter ses rôles ? et même à quelques directeurs de feuilles publiques ? Les maris, amants, soupirants des demoiselles de la scène, et ces demoiselles elles-mêmes, s'occupent à faire jouer toutes les influences imaginables, afin — les unes d'accrocher un rôle, les autres d'empêcher quelque bonne amie d'en attraper un ; — les copistes, machinistes, musiciens, costumiers, couturières, habilleuses, coiffeurs, et tous les créanciers de tous les participants sont en l'air ; le télégraphe fonctionne, la poste circule ; que de gens sont troublés dans leurs habitudes par cet événement si vulgaire ! Tous les amis de l'auteur lui demandent des billets de faveur, comme si le théâtre où l'on joue sa pièce était sa propriété. Je ne puis tout énumérer, il me faudrait remplir un volume. Bref, et pour en finir, je ne crois pas exagérer en disant que presque chaque ouvrage dramatique un peu important monté à Paris fait déranger au moins huit cents personnes, et met en circulation une somme de plusieurs millions de francs.

On ne s'étonnera pas, après cela, de l'intérêt qu'attachent aux feuilletons dramatiques toutes les personnes qui touchent au théâtre. Elles ont si peur d'être contrariées dans leurs fonctions, que le plus léger mot de blâme sur la pièce à laquelle elles tiennent par un cheveu les horripile. Les braves gens s'exagèrent considérablement l'importance de la critique, telle qu'elle est pratiquée de nos jours; ils n'ont pas assez d'expérience ni de bon sens pour se dire que les réputations se font et se consolident bien plus par les *éreintements* que par les *réclames*. En effet, le point essentiel pour un artiste, c'est qu'on ne le passe pas sous silence, et le public, qui se délecte aux méchancetés, ne lit jamais les louanges.

« Et puis, disait Théophile Gautier, les chiens n'aboient qu'après les chevaux qui courent. »

J'étais à quatre mille cinq cents lieues de me douter des choses que je viens d'articuler tout à l'heure, lorsque Gautier me les révéla de la manière que je vais dire.

Je savais depuis longtemps qu'il avait assez peu d'estime pour le théâtre, du moins tel qu'il est compris aujourd'hui ; il ne se gênait pas pour dire à tous ses amis qu'il voyait dans l'art dramatique un art inférieur, n'ayant que des rapports très-éloignés avec la littérature, et tenant beaucoup plus du jeu des échecs que d'autre chose. Shakespeare, Calderon, Lope de Vega, Molière étaient ses hommes; mais il ne portait qu'un intérêt médiocre aux comédies modernes, qui ressemblaient trop, selon lui, aux charades et *devinettes,* et représentaient, au surplus, les actions de personnages peu attrayants pour un artiste.

Comme je m'étonnais un jour qu'il eût consenti à faire une besogne si contraire à ses goûts, en acceptant la charge du feuilleton dramatique, — il y avait déjà longtemps alors qu'il ne collaborait plus à la *Presse,* il avait traversé le *Moniteur* et d'autres feuilles, — il me répondit en ces termes :

— Un poëte qui n'a pas de fortune et

qui n'est d'aucun parti politique, est obligé, pour vivre, d'écrire dans les journaux. Or, on n'a pas toujours le choix des choses qu'on aimerait le plus à faire. Le feuilleton de théâtre est une besogne hebdomadaire qui vous donne de maigres émoluments, mais des émoluments fixes, et c'est là le point important dans un petit ménage. Les romans, les récits de voyages ne durent qu'un temps. Les comptes rendus dramatiques subsistent toujours. Et puis, c'est triste à dire, mais il y a une foule de gens qui s'y intéressent, et je suis beaucoup plus connu depuis que je raconte les faits et gestes scéniques de MM. Duvert et Lausanne, que je ne l'étais lorsque je publiais des œuvres réelles en vers ou en prose.

— Alors, lui dis-je, tu es heureux, mon pauvre Théo?

— Heureux, fit-il, autant que peut l'être un forçat qui compte déjà trente ans de galères.

— Je ne te comprends plus.

— Je m'explique. La chose serait supportable si on avait toute liberté dans son journal, si l'on ne devait jamais rendre compte que des pièces du « père Dumas », de Victor Hugo, même de d'Ennery, qui entend son affaire; si tous les cabotins dont on est tenu de parler étaient de la force de madame Dorval, de Bocage ou de Frédérick. Mais, mon cher, pour un drame de la valeur d'*Hernani* ou de *Richard d'Arlington,* que d'inanités mal écrites, signées de Ponsard et de quelques autres, il faut avaler et faire avaler au public!

Quant à la liberté d'appréciation dont on jouit, tu sauras, toi qui es tout à fait inexpérimenté dans ces matières, qu'il n'existe pas dans tout l'univers un nègre condamné à périr sous le fouet qui ait été plus exploité et plus tyrannisé que ton ami. Si encore on se donnait la peine de me dire ce qu'on exige de moi, reprit-il, je pourrais à peu près supporter la vie qui m'est faite. Mais non. Il faut que je devine tout. On ne se fatigue même pas à desserrer les lèvres pour m'apprendre ce qu'on souhaiterait que je fisse. Et je n'ai même pas la satisfaction de n'être tyrannisé que par un seul maître; j'en ai autant qu'il y a de copropriétaires et d'influences diverses dans mon journal. Tu peux voir maintenant d'ici comment je fais mon feuilleton dramatique; je voudrais ne songer qu'à la pièce, à ses interprètes, me borner à donner mon appréciation au public, à qui je la dois sincère et complète; et, au lieu de cela, il faut que je me loge dans l'esprit, pour diriger cette appréciation, les liaisons qui attachent chacun de mes tyrans au personnel figurant dans la pièce ou les rancunes qui les portent à lui vouloir tout le mal possible. Tu vois d'ici comme c'est commode, et quels rapports ces préoccupations peuvent avoir avec l'esthétique. Voilà, mon cher ami, à quel labeur je suis condamné. Et je ne puis pas m'y soustraire, car si je me permettais la moindre réflexion, on me casserait aux gages, et il n'y aurait plus de pain à la maison.

Et, tendant les deux bras avec effort, le pauvre Théo ajouta, avec une expression d'envie désespérée :

— Oh! les cantonniers qui cassent des pierres sur les routes !

XIII

Entre les années **1840** et **1845**, Théophile Gautier écrivit pour le grand Opéra de Paris les livrets de deux ballets qui sont demeurés célèbres et qui méritaient de l'être. *Giselle* et *la Péri* sont, dans mon opinion, les plus aimables et les plus exquises créations qui soient sorties de l'imagination d'un poëte. Je n'étais pas encore lié avec Gautier à cette époque, mais, en ma qualité d'ami du directeur de l'Opéra, j'avais obtenu la faveur, inappréciable pour un jeune homme qui se sentait artiste et sensible, de voir s'ouvrir devant moi la porte du *sancta sanctorum* — je veux dire des coulisses ; — j'y faisais bien inutilement les yeux doux à la séduisante madame Stolz, et j'avais le plaisir d'y rencontrer parfois la charmante Carlotta Grisi en compagnie de Théophile Gautier. Je ne sais si l'époque où mes souvenirs me reportent me paraît si belle parce qu'elle était celle de ma jeunesse, mais je ne puis la comparer à l'époque actuelle, ni à aucune autre, sans me sentir le cœur percé de poignants regrets. Théophile Gautier, humanisé par le frottement du monde, connaissant une sorte d'aisance, grâce aux droits d'auteur que lui rapportaient ses ballets, n'était déjà plus le bohème mérovingien de la rue de Navarin.

Il quittait, pour venir à l'Opéra, son pantalon à pieds et ses babouches jaunes. Toujours correctement vêtu de noir, portant au cou la cravate blanche de rigueur, et, aux mains, les gants paille que commande la tradition, il avait l'air paisible et satisfait d'un homme arrivé au but de son ambition; et cependant Dieu sait s'il avait lieu de se louer de quelqu'un et de quelque chose! Par déférence pour le « qu'en-dira-t-on », il s'était décidé à couper ses cheveux. Il les portait tombant en long rouleau au niveau du collet de son habit, comme je les portais moi-même, avec tous les jeunes gens de mon âge. On le rencontrait quelquefois sur les boulevards dans un petit phaéton attelé de deux poneys qu'il conduisait avec autant d'aplomb qu'un *sportsman*. Enfin il ne ressemblait plus en rien, que par le talent et l'originalité du caractère, au Théophile Gautier que j'avais jadis entrevu chez Gavarni.

Je devais l'y revoir un samedi, pour assister à une discussion qui fut pour moi une véritable révélation de caractère. Gavarni, lorsque je le connus, étant alors dans la plénitude de la jeunesse, de la réputation et du talent, ainsi que je crois l'avoir déjà donné à entendre, ne se contentait pas d'inventer toutes sortes de fashionables nouveautés en fait de costumes; il se plaisait à produire lui-même ses inventions en les portant sur sa personne. Tous ses anciens amis, si, comme je l'espère, ils existent encore, MM. Forgues, S. H. Berthoud, Valentini, Soustras, Maisonneuve, Delton l'architecte, le duc d'Abrantès, pourraient certifier le fait comme moi. Sans être précisément habillé comme un type de journal de modes, Gavarni ne sortait jamais que correctement et élégamment vêtu. Il avait les cheveux longs et frisés, la barbe en éventail; sa redingote courte, à collet très-bas, était toujours rigoureusement serrée à la taille; un pantalon tombant sur des bottes vernies, et, l'hiver, un manteau de couleur marron, dit crispin, complétaient son costume le plus habituel. Je ne dois point oublier un jonc à pomme de vermeil qui ne le quittait jamais, et dont il savait se servir, comme on va le voir.

Son père, pour lequel il eut toujours une véritable vénération, demeurait à Montmartre, et chaque jour, quelque temps qu'il fît, il allait dîner avec lui. Un soir, vers les cinq heures, comme je montais la rue des Martyrs, en suivant le chemin des écoliers, pour rentrer prendre part au dîner de famille, je vis devant moi Gavarni qui montait la même rue, en suivant le même trottoir, la canne sous le bras, frisé, soigneusement ganté, comme d'habitude, et lisant un journal. Il allait dîner chez son père. Au moment où je me disposais à l'aborder pour lui souhaiter le bonjour, j'aperçus de loin un maçon qui descendait la rue des Martyrs et venait nécessairement à notre rencontre. Ledit maçon portait une blouse couverte de plâtre, et, avec la parfaite urbanité qui a toujours distingué ses pareils, en arrivant auprès de Gavarni, il ne se priva pas du plaisir de se plaquer en blanc sur la redingote noire du fashionable.

Ce fashionable, quoique étant un homme de génie, portait beau et était très-fier. Surpris pendant une seconde par une agression si brutale, il recula d'un pas et envoya de toute sa force à l'ouvrier, qui avait tourné le dos, le plus triomphant coup de pied qu'on puisse voir. Je ne crois pas avoir besoin de dire en quelle partie de son ignoble individu le maçon reçut le bout de la botte. Il s'en alla tomber dans le ruisseau, à quatre pattes, et, se relevant tout à coup, il marcha sur l'artiste en vociférant, les mains levées en l'air, à la hauteur du front, faisant la parade bien connue des tireurs de savate. Je ne me sentais pas de force à lutter avec lui, mais cependant je ne crus pas pouvoir me dispenser de m'approcher de mon ami :

— Me voici, Lagavarne, lui dis-je, — c'était le nom familier que je lui donnais, — que puis-je faire pour vous aider à rosser cet animal ?

— Merci bien, le moutard, me répondit-il en mettant son journal dans sa poche et enlevant ses gants, qu'il roula bien soigneusement. Vous êtes un bon garçon, vous n'abandonnez pas vos amis, ajouta-t-il.

Puis, se postant en face du maçon, qui

marchait sur lui, et faisant le moulinet avec sa canne :

— Reculez-vous un peu maintenant, et faites attention, me dit-il. Je vais vous donner une leçon de bâton qui vaudra mieux que celles que nous prenons à la maison.

Le fait est que, depuis plus de six mois, chaque jour, à ses moments perdus, il s'amusait à nous faire tirer le bâton et la canne, à mon frère et à moi.

Le maçon, cependant, avançait toujours, les mains croisées en l'air, et tous les passants faisaient cercle.

— Attention! reprit Gavarni s'adressant à moi.

Et, tranquille comme s'il eût été à la salle, faisant sa démonstration :

— Attention, le moutard. Un coup de flanc : je le manque. Un coup de tête : je ne le manque pas.

Ce disant, pendant qu'il éblouissait son adversaire par le terrible moulinet que les tireurs de canne appellent *la rose couverte,* il lui portait au côté droit un coup que l'autre évita par un saut de côté, puis un second coup vers la tête ; mais celui-là tomba sur les mains du maçon, qui, on le sait, étaient entre-croisées à la hauteur du front.

J'étais émerveillé de ce beau coup. Je criai :

— Bravo, Lagavarne !

Couchant sa canne sous son bras, il s'occupait déjà à remettre ses gants.

Quant au maçon, il avait laissé lourdement tomber ses deux bras le long de son corps. Il se sauva en hurlant comme un porc qu'on égorge. Le pauvre diable avait les deux poignets luxés.

XIV

Le samedi suivant, chez Gavarni, je racontai l'affaire dont j'avais été le témoin involontaire. La conversation tomba sur le plaisir qu'il peut y avoir pour un homme du monde à châtier les rustres insolents. Le médecin Aussandon, qui se trouvait là, et qui était musculeux, trapu, avec des mains noueuses, des reins de taureau, bâti à renverser l'obélisque de Louqsor d'un coup d'épaule, nous demanda alors la permission de nous faire le récit d'une aventure du même genre qui lui était récemment arrivée. Il passait rue Montmartre, sortant des bureaux du journal *la Presse*, où il était allé voir Théophile Gautier.

Une de ces charrettes qui servent à l'enlèvement des immondices de Paris s'arrêta auprès de lui juste au bord du trottoir. Cette charrette était toute pleine d'une boue noire et liquide que les cahots faisaient trembler. Le charretier, qui n'était pas fâché de jouer un tour à un bourgeois, et qui avait négligé de mesurer de l'œil l'encolure du médecin, se trouvait de l'autre côté de son véhicule, et s'occupait à enlever avec sa pelle les trognons de choux et autres saletés que les ménagères déposent dans les rues. Lorsque sa pelle fut remplie, il la secoua quelque temps, puis, guignant de l'œil Aussandon, au lieu de lancer ses ordures dans la boue qui remplissait sa charrette, il leur fit décrire un grand cercle en l'air et les répandit sur la tête du docteur.

Celui-ci, enchanté de trouver une si

belle occasion d'exercer ses biceps, se secoua, fit le tour de la charrette, qui était toujours immobile, saisit le charretier d'une main par le fond de sa culotte, de l'autre, par le collet de sa veste, le balança au ras de terre, comme pour lui donner un élan suffisant; puis, sans daigner tenir aucun compte des observations que croyait devoir lui adresser le misérable, il lui fit prendre le chemin que ses ordures n'avaient pas pris, c'est-à-dire qu'il le fit tomber à plat ventre dans la boue noire et molle que je décrivais tout à l'heure.

Théophile Gautier avait écouté le récit de ces deux aventures avec une attention extraordinaire. Il pâlissait, se mordait les lèvres. Enfin, il se leva et se mit à marcher par la chambre, comme s'il n'avait pu tenir en place :

— Vous lui avez luxé les deux poignets d'un seul coup de canne, Gavarni? fit-il.

— Oh! mon Dieu, oui.

— Vous, Aussandon, vous avez pu lancer le charretier dans sa charrette?

— La preuve, fit le docteur, c'est que, depuis huit jours, il y est encore.

Le bon Gautier était tout songeur.

— Comme vous êtes heureux! leur dit-il. Je donnerais tout ce que j'ai fait, tout ce que je pourrai faire encore, uniquement pour être capable d'exécuter deux coups pareils. Rosser la crapule, reprit-il, ce doit être le suprême bonheur que nous cherchons tous.

Il avait prévu la Commune.

XV

Je ne veux pas tarder plus longtemps à raconter comment je fis connaissance plus intime avec Théophile Gautier.

C'était en 1856; je venais de publier le premier fascicule d'un gros ouvrage d'archéologie qui fit quelque bruit en son temps. Cette première livraison roulait tout entière sur l'ancienne Égypte, et renfermait, entre autres morceaux littéraires, un essai de reconstruction de la ville de Thèbes sous les Pharaons de la dix-neuvième dynastie.

Gautier, qui avait toujours eu pour l'antiquité une passion qui tenait du fétichisme, me fit la gracieuseté d'insérer le morceau tout entier dans le *Moniteur,* puis, quelques jours plus tard, publia dans le même *Moniteur* un article d'appréciation dont les éloges me parurent une récompense suffisante pour tout le mal que mon travail m'avait donné.

C'était la première fois que je me voyais discuté et apprécié dans un journal, et le nom du parrain qui voulait bien me tenir sur les fonts baptismaux de la littérature ne contribuait pas médiocrement à augmenter ma joie. Je ne pouvais me dispenser d'aller remercier Théophile Gautier. Il demeurait alors rue Grange-Batelière, derrière le nouvel Hôtel des Ventes. Je le trouvai toujours aimable et doux, causant de l'art avec délices, et se tenant assis à la turque, une jambe repliée sous lui, dans un large fauteuil, position qu'il affectionnait depuis son séjour à Constantinople.

Il n'avait pas reconnu en moi « le moutard »' qu'il rencontrait autrefois chez Gavarni. Il ne pouvait admettre que je fusse la même personne.

Il coupa court aux remercîments que je lui adressais pour le service très-grand et très-réel qu'il m'avait rendu en me présentant au public. Nous parlâmes de l'Égypte, de sa civilisation particulière, de son système d'art. Déjà germait dans l'esprit de Gautier le désir de faire un livre sur cette contrée si peu connue et qui donna l'impulsion aux arts plastiques. Il m'exposa son plan, ses idées, me demanda de vouloir bien le diriger dans la tâche qu'il se proposait d'entreprendre. Mon inclination comme mon intérêt me recommandaient de lui complaire. Et le *Roman de la Momie,* qu'il voulut bien me dédier en termes trop élogieux pour ma modestie, naquit de cette première conversation entre deux hommes de bonne volonté, qui se sentaient animés pour l'art d'un amour égal.

XVI

C'est du *Roman de la Momie* que date ma liaison intime avec Théophile Gautier. Nous nous voyions presque chaque jour, tantôt chez moi, tantôt chez lui, nous feuilletions ensemble les cartons de dessins que j'avais rassemblés depuis longtemps pour écrire mon ouvrage d'archéologie; je lui expliquais tout ce qui était demeuré obscur pour lui dans les arcanes de la vieille Égypte, et le roman se faisait ainsi, en causant, dans l'esprit de son auteur, sans fatigue d'aucune sorte. La chose était devenue pour lui un plaisir. Cependant, la partie psychologique de l'œuvre présentait des difficultés infiniment plus sérieuses que la partie plastique. Autant, pour un esprit de la trempe de celui de Gautier, il était facile de s'assimiler et de décrire les choses extérieures : monuments, paysages, costumes, cérémonies, etc., autant il était difficile de chercher comment avaient pu sentir et penser les Égyptiens qui vivaient dans la ville de Thèbes un millier d'années avant Jésus-Christ. Gautier, dès le début, se heurtait aux graves difficultés qui devaient, quelques années plus tard, tant exercer la patience et surexciter l'intelligence de Flaubert écrivant *Salammbô*.

Plusieurs fois, le bon Théo fut sur le point de tout abandonner ; le découragement le prenait : il sentait bien qu'on ne peut faire un roman uniquement composé de descriptions ; que l'étude de l'âme humaine et de ses passions doit y tenir la plus grande place, et, ne trouvant nulle part aucune donnée pour étudier cette âme chez des hommes qui n'avaient laissé après eux presque aucun monument graphique, il m'en voulait de lui avoir inspiré, sans y penser, l'idée d'un livre qui exigeait, pour être convenablement exécuté, les savoirs réunis d'un égyptologue, d'un historien, d'un archéologue, et le génie d'un grand écrivain. Quelques fragments de manuscrits hiéroglyphiques traduits par M. de Rougé, la lecture attentive de la Bible de Cahen, et surtout, et par-dessus tout, la faculté d'intuition, qui permet aux artistes dignes de ce nom de s'assimiler les choses les plus abstraites et les plus étrangères, rien que par le seul effort de la pensée, mirent Gautier en état de se tirer d'affaire. Il était si bien parvenu à connaître la vieille Égypte, que les rôles se trouvaient parfois renversés entre nous. Mon élève était peu à peu devenu mon maître. Il m'expliquait ce qui était resté obscur pour moi dans le monde des Pharaons.

XVII

Un jour, comme j'entrais chez lui pour travailler, selon mon habitude, je le trouvai en tête-à-tête avec l'un de ses amis dont il m'avait souvent parlé, mais que je n'avais jamais rencontré. C'était Gustave Flaubert.

— Vous êtes faits pour vous comprendre et pour vous aimer, nous dit-il en nous présentant l'un à l'autre.

A partir de ce jour, nous formâmes le plus beau trio d'amis qui se soit peut-être jamais rencontré dans le monde littéraire. Nous n'étions jamais divisés en rien dans les questions d'art. Ce que l'un de nous trois pensait sur n'importe quel sujet, était invariablement le reflet ou l'écho de l'opinion des deux autres. Et maintenant que leur ancien s'en est allé dans un monde qui ne peut être que meilleur, les deux malheureux survivants sont désorientés. Il leur manque quelqu'un d'ingénieux, de spirituel et de bon enfant qui les complétait. Ils se surprennent parfois à le chercher, et, ne le trouvant pas, ils se demandent s'ils ne feraient pas bien d'aller le retrouver, ne serait-ce que dans le but de se consoler avec lui des laideurs modernes.

XVIII

C'était l'époque où Flaubert venait de publier dans la *Revue de Paris* le roman qui rendit à bon droit son nom célèbre, *Madame Bovary*, et où le pouvoir, faute de mieux à faire, éprouvant le désir de se casser le nez, venait de lui intenter un procès qui doubla le succès du livre. Le plus malheureux de nous trois était certainement Gautier.

— Comme les hommes sont bêtes! nous dit-il. Ce sera donc toujours la même chose! Imposer la moralité, la fausse moralité, celle de convention, qui jette des cris pour un rien, comme si on la plumait toute vive, — à une œuvre d'art, c'est une action aussi insensée que le serait celle d'exiger de tous les particuliers d'une nation de ne porter que des vêtements de la même forme et de la même couleur. La moralité d'un livre n'est pas dans le sujet, dans la nature des événements dont il se compose. Elle est dans la vérité et dans la beauté. Je ne dis pas cela pour Flaubert, qui a fait ses preuves, et qui va expier en police correctionnelle le crime impardonnable d'avoir du talent; mais toi, Feydeau, qui en es encore aux rudiments de l'art littéraire, je t'engage fortement à profiter du petit cours d'esthétique que je te fais.

— Tu prêches un converti, mon cher Théo, lui répondis-je.

Il reprit :

— Grâce à la parfaite imbécillité de l'espèce humaine, le système de critique qui enseigne le contraire de ce que je dis en ce moment est de plus en plus en vogue. Les revues et les journaux regorgent d'articles que je trouve absolument insensés, et qui n'ont d'autre but avoué que de proscrire de l'art la peinture du mal, ce qui équivaudrait à la négation de l'art même. Les messieurs qui se livrent à ces théories dignes de Charenton ne se rendent même pas compte, tant ils sont ignorants et de mauvaise foi, que, dans tous les temps et en tout pays, les auteurs n'ont vécu et ne sont parvenus à intéresser le public que par la seule peinture des passions que les gens soi-disant vertueux estiment être le mal lui-même.

Si l'on voulait faire une liste de tous les écrivains qui, selon les principes ineptes de la critique moderne, méritent d'être mis à l'index pour cause d'immoralité, cette liste, en la supposant faite sur une bande de papier, serait assez longue pour couvrir le méridien de notre planète dans tout son entier, et tous les auteurs de génie y figureraient sans exception, depuis Homère et Salomon jusqu'à Voltaire et lord Byron. Ceci soit dit pour consoler Flaubert.

Le procès de notre ami eut lieu, comme on sait. L'auteur fut acquitté. Quelques années plus tard, on lui donna la croix. Autant valait laisser son livre tranquille.

XIX

C'est à la même époque que Gautier prit la direction de l'*Artiste*. Il appela immédiatement tous ses amis. Flaubert, Paul de Saint-Victor, les frères de Goncourt, Charles Blanc, Aubryet, Monselet, quelques autres encore, et moi-même, nous nous retrouvions au bureau de rédaction du recueil, situé rue Laffitte, presque chaque soir. Le but avoué de la direction de Gautier était de réagir contre les doctrines et l'influence de notre vieille ennemie, la *Revue des Deux-Mondes*.

Nous qui nous étions tous groupés autour du maître, nous ne nous proposions d'autre but que l'art. Je me rappellerai longtemps avec bonheur les discussions qui s'élevaient entre nous à l'occasion de chaque œuvre nouvelle. Nos confrères étaient tous jugés là sans le moindre sentiment d'envie, et leur livres passés au crible. Je n'ai jamais connu de rédacteur en chef qui fût plus réellement libéral que Théophile Gautier. Il disait :

« Lorsque je prends un collaborateur, je le prends tout en bloc. Je suis certain de son talent, je sais ce qu'il peut faire ; je ne lui demande qu'une seule chose : c'est de ne pas avoir le mauvais goût de professer, dans le journal que je rédige, des principes d'art opposés à ceux en vue desquels j'en ai pris la direction. On ne comprendrait pas qu'un journaliste entrât à la *Gazette de France* pour essayer d'y combattre subrepticement la légitimité. Eh bien! ici, on peut tout dire, exactement tout, excepté attaquer la doctrine de l'Art pour l'Art.

» Cette doctrine est stupide, peut-être, — Je ne le pense pas, puisque je l'ai toujours confessée et professée, — mais enfin, elle est la nôtre; chacun de nous est tenu de la respecter. Ceux qui ne l'aiment pas sont absolument libres d'aller chez le voisin en dire pis que pendre. La *Revue des Deux-Mondes* leur est ouverte. Je souhaite qu'elle leur soit légère. J'y suis allé une fois, et j'en ai bien vite eu assez. »

Ces paroles, dont je ne puis garantir absolument que le sens, sont la plus parfaite expression de la ligne de conduite qui fut toujours tenue par Théophile Gautier tant qu'il fut directeur de *l'Artiste*. Depuis le jour où j'ai eu le malheur de demander mes moyens d'existence à ma plume, j'ai passé par bien des journaux, tantôt pour y publier des romans, tantôt pour y insérer des articles.

J'y ai vu constamment, de même que Gautier, la même ridicule tyrannie se reproduire : un rédacteur en chef qui, la plupart du temps, n'a ni idées, ni conviction, ni étude, ni système d'art ou de philosophie, et parfois ni intelligence, ni bon sens, ni sentiment des convenances, en vertu de sa seule autorité, de son seul caprice, sans même daigner dire à l'avance à ses collaborateurs ce qu'il attend d'eux, coupe, biffe, rature de leur *copie*, à tort et à travers, comme une corneille qui abat des noix, tout ce qui n'a pas la chance de lui plaire.

Il n'est pas de talent au monde qui puisse résister à un tel système d'émondage. On s'y soumet par nécessité, pour ne pas compromettre son gagne-pain, tout en protestant intérieurement; et c'est ainsi que, nulle part, on ne peut plus avoir la mesure exacte d'aucun écrivain; que le public est obligé de se contenter d'à peu près, et que je ne sais quel niveau uniforme et bête étouffe toutes les originalités, en opprimant toutes les intelligences.

Et l'on fait des révolutions au nom de la liberté de la presse!

La liberté de la presse, hélas! n'existe nulle part et ne peut exister nulle part, même et surtout dans les pures productions d'art. Grâce à la loi qui se transmet religieusement de gouvernement à gouvernement, que toutes les révolutions respectent, et qui place le producteur, l'homme de lettres, sous la tutelle de deux industriels, le libraire et l'imprimeur, toute originalité et tout esprit d'indépendance et d'invention iront de plus en plus s'éteignant en France, et la France finira inévitablement par perdre le rang intellectuel qu'elle occupait parmi les nations.

Il suffirait d'une toute petite chose pour le lui rendre : ce serait, en cas de délit, de ne jamais faire de procès qu'à l'auteur tout seul, et de n'inquiéter ni l'éditeur ni l'imprimeur, sous le fallacieux prétexte qu'ils « ont fourni audit auteur les moyens « de commettre ce délit ».

Gautier avait l'esprit si libéral, et il était si bien convaincu de ces vérités, que pas une seule fois, pendant plusieurs années qu'il conserva la direction de l'*Artiste*, je ne le vis demander le changement où la suppression d'un seul mot à l'un de ses collaborateurs. C'est toujours sous prétexte d'un danger chimérique, qui n'existe que dans leurs rêves, que les directeurs des feuilles publiques dénaturent à l'envi et à plaisir tous les manuscrits qu'ils publient.

Et lorsque ce prétexte ne peut décidément être allégué, en des matières qui ne touchent, n'effleurent même ni la politique, ni l'économie politique, ni la morale publique, c'est toujours sous un autre prétexte, encore plus tyrannique que le premier, le prétexte de plaire aux abonnés, que les amputations les plus insensées, les moins motivées s'exécutent.

Mais, d'une part, il semble terriblement difficile de savoir au juste quelle est l'opinion véritable d'abonnés qui sont dispersés aux quatre coins du monde, n'ont aucun lien de rapprochement, aucun moyen de correspondance; on court ainsi le risque, en voulant plaire à tout le monde, de ne contenter que deux ou trois grincheux sur mille lecteurs, car les mécontents seuls donnent signe de vie pour se plaindre, et les satisfaits ne soufflent mot; — et, d'autre part, on accepte une situation bien avilissante en subordonnant volontairement les droits imprescriptibles de la pensée aux caprices, aux goûts ou aux vilaines petites spéculations de gens qui n'ont aucune responsabilité dans votre œuvre. Gautier, lorsqu'il lui arrivait de recevoir quelque lettre impérative des abonnés de l'*Artiste*, se plaignant de la manière dont le journal était rédigé, avait coutume de nous dire :

— Nous sommes ici une douzaine d'hommes d'une réputation faite, d'un talent reconnu et généralement apprécié. Nous faisons un journal de notre mieux, nous nous y appliquons de tous nos efforts. Nous ne pouvons avoir la prétention de contenter tout le monde. La Providence elle-même, qui nous est très-supérieure, n'y parvient pas. Nous serons toujours très-heureux de conserver nos abonnés et d'en trouver de nouveaux; mais si notre recueil ne leur convient pas, plutôt que d'y rien changer, nous les laisserons libres de nous quitter pour aller s'abonner à d'autres.

— Et, en effet, reprenait-il, si nous nous laissions jamais entraîner, sous un prétexte ou sous un autre, à obéir aux suggestions de gens qui n'ont aucune responsabilité dans notre recueil, n'y apportant que la très-modique somme d'argent de leur abonnement, voyez à quelles vilaines petites spéculations nous nous trouverions contraints de prêter les mains, sans le vouloir ni nous en douter! Nous faisons une Revue artistique; il ne manque as de gens qui spéculent sur les tableaux.

C'est à ce point que l'Hôtel des Ventes de la rue Drouot est devenu une sorte de uccursale de la Bourse. Tel amateur ou tel marchand qui n'aurait dans sa galerie que des tableaux de Paul Delaroche ou d'Horace Vernet, ne nous permettrait pas de trouver du génie à Eugène Delacroix ; tel autre qui voudrait « monter un coup » sur les Courbet ou les Manet, nous demanderait d'avoir à cesser de dire du bien d'Ingres. Que deviendrait alors notre dignité? Notre intérêt bien entendu, lui-même, ne serait-il pas compromis? Faisons toujours de notre mieux, et ne nous occupons point des abonnés : telle doit être notre immuable règle de conduite.

XX

Si Théophile Gautier poussait jusqu'au scrupule le respect des œuvres d'autrui, il n'hésitait jamais à offrir ses conseils à ceux de ses jeunes amis qui pouvaient en avoir besoin. Un soir où je me trouvais avec lui dans le bureau de rédaction de l'*Artiste*, corrigeant des épreuves :

— Tu es rempli de bonnes dispositions, me dit-il, mais tu ne connais pas encore toutes les ressources de ton métier. Tu ne saurais jamais assez te méfier de la facilité que tu as pour enchaîner des mots les uns aux autres. Cela donne à ce que tu fais un tour éloquent qui n'est pas la meilleure forme littéraire. Tu ne sembles même pas toujours te douter, soit dit sans t'offenser, de ce que doit être la contexture d'une phrase.

Et comme je l'écoutais de mes deux oreilles, m'estimant trop heureux de recevoir une si bonne leçon d'un pareil maître :

— Chaque phrase, reprit-il, doit avoir un commencement, un milieu et une fin. —Et ne prends pas ceci pour une vérité à la La Palisse. — Une phrase est un tout dans lequel on doit pouvoir retrouver, comme dans le corps humain, des os, des muscles, des veines et des nerfs. Si la phrase n'est pas construite selon les lois de la plastique, si elle ne peint pas; si, étant isolée de celles qui la précèdent et qui la suivent, elle n'a pas son caractère, sa couleur, sa beauté propre, elle est défectueuse : il faut la changer. Tu as un grand défaut, qui est celui de tous les débutants : tu abuses des verbes auxiliaires. Tu ne sais pas qu'ils alourdissent le style, tandis que le propre du verbe, qui est le mot par excellence, doit être de le vivifier, de servir de lien aux pensées.

Et comme j'étais en train de corriger mes épreuves, le voilà qui prend une plume, non sans me demander la permission, et qui se met à refaire en entier la page de ma *copie* qui lui paraissait défectueuse. Un autre y aurait mis de l'amour-propre, se serait fâché. Moi, je me sentais si touché que je l'aurais volontiers embrassé. C'est ainsi que j'ai pu dire, en toute vérité, qu'il était « mon maître »; et le fait est que je lui dois la connaissance des plus solides notions dans l'art d'écrire.

Gautier avait une qualité très-rare et très-noble, il aimait les jeunes, favorisait de tout son pouvoir leurs débuts dans la carrière artistique et littéraire. Cela ne provenait pas, chez lui, d'un sentiment banal de philanthropie, mais d'une grande lucidité d'esprit. Il faisait passer l'art avant toutes les choses de ce monde; il croyait aux progrès de l'art et à sa durée; il avait assez de bon sens pratique pour être convaincu que l'art, n'étant pas doué d'une vie propre, n'existerait pas sans les artistes; il poussait donc tant qu'il pouvait à la libre efflorescence de l'art en encourageant ceux-ci. On a vu ce qu'il avait fait pour moi. Lors du procès si sottement intenté à Flaubert à l'occasion de *Madame Bovary*, il était sincèrement malheureux, allait partout rompre des lances en faveur de son ami; nul ne peut ignorer avec quelle passion il a favorisé l'essor de tous les peintres de talent de son temps; voici un fait qui, mieux que toutes les réflexions, va le montrer en train de créer une célébrité.

Nous le vîmes un jour arriver au bureau de rédaction de l'*Artiste,* avec un air si rayonnant, que chacun de nous crut qu'il venait de survenir dans sa vie quelque événement heureux. Aussitôt on l'interrogea.

— Je viens de découvrir un chef-d'œuvre, nous répondit-il.

Et tirant un petit volume de sa poche, il le posa sur la table.

— De qui est le chef-d'œuvre? demandâmes-nous tout d'une voix.

— D'un peintre, de Fromentin.

Le volume était intitulé : *Un été dans le Sahara.*

— Si les peintres se mêlent d'écrire, dit l'un de nous, nous allons tous nous mettre à faire de la peinture.

— Vous ne feriez probablement que des croûtes, répondit Gautier, tandis que Fromentin, je le répète, a fait un chef-d'œuvre.

Et ouvrant le volume au hasard, il en lut une douzaine de pages, qui nous semblèrent ravissantes. Puis, séance tenante, il attira à lui un cahier de papier et se mit à faire un article sur le volume. L'article, qui était des plus élogieux, et dans lequel Fromentin était simplement appelé « l'un des rois de la pensée », parut dans l'*Artiste*. Non content de cela, Gautier pria Fromentin d'écrire un nouveau livre spécialement pour le recueil qu'il dirigeait. C'est ainsi que fut publié, avec un grand succès, *Une année dans le Sahel*.

XXI

Quoiqu'il se montrât invariablement très-bon camarade, Théophile Gautier n'était pas toujours très-encourageant ni très-consolant.

Louis de Cormenin, qui le connaissait et savait avec quelle ingénuité il se laissait aller à tirer de son propre désespoir le moyen d'exciter le désespoir d'autrui, l'avait surnommé « *mangeur de cervelles* ». Quand j'eus écrit *Fanny*, j'allai lui demander de vouloir bien le lire en manuscrit. Je tenais sincèrement à avoir, avant la publication du livre, l'opinion de l'un des hommes que je regardais à la fois comme un maître et comme l'un de mes meilleurs amis. Lorsque je retournai chez lui pour reprendre le manuscrit, je trouvai mon critique en train d'en lire la dernière page.

— Tu es un homme, fit-il en me tendant la main. Te voilà maintenant lancé dans la littérature proprement dite, celle des livres que tout le monde lit; tu iras aussi loin que tu le voudras, à une seule condition, c'est que tu n'écouteras ni le bien ni le mal qu'on dira de toi. Tu as voulu avoir mon opinion. La voici : je trouve ton livre très-fort. J'admire surtout ce fait qu'il repose tout entier sur une situation qui ne change jamais. Aucun de nous, vieux routiers de l'art, n'aurait osé ce tour de force, et c'est lui, lui tout seul qui t'aura sauvé. Je suis donc très-content de toi. Mais si tu penses, en négligeant les affaires de Bourse, pour écrire des romans, t'être préparé une existence agréable, tu t'es mis le doigt dans l'œil jusqu'au coude. D'abord, il te sera matériellement impossible de vivre, si tu ne publies pas tes romans futurs dans les journaux. Et tu ne peux pas te faire une idée du supplice particulier que ce mode de publication doit nécessairement te causer. Je crois t'avoir déjà parlé plusieurs fois des désagréments que j'endure à l'occasion de mes feuilletons de critique dramatique. Ces désagréments ne sont rien, absolument rien, auprès de ceux qui t'attendent. Chaque mot que tu écriras sera examiné à la loupe par les gens les plus malintentionnés, avec la plus insigne mauvaise foi. Tu ne les connaîtras pas, tu ne sauras jamais où les prendre, tu ne pourras même pas chercher à deviner quels sont leurs goûts et leurs idées, et il faudra que tu trouves le moyen de leur plaire à tous.

Lorsque de Balzac publiait dans la *Presse* son roman : *Les Paysans,* qui est un chef-d'œuvre, le directeur du journal reçut, par lettres, sept cents menaces de désabonnement. Il eut l'impardonnable tort de céder à ces menaces et d'interrompre le roman, ce qui était une grave injure faite à de Balzac. Tu vois, d'après cela, combien — les progrès de l'hypocrisie et du bégueulisme aidant — il est devenu facile de faire de l'art et de trouver dans cette occupation le moyen de vivre. Nous en sommes arrivés aujourd'hui à un tel point qu'il n'est plus permis de dire, dans un roman-feuilleton, qu'une femme a un amant, un homme une maîtresse. Il faut intéresser à l'aide de moyens qui sont complétement en dehors de l'art;

car si, dans l'art littéraire, il n'y a pas l'antagonisme du bien et du mal, de la sagesse et de la passion, il n'y a pas de drame possible, et nécessairement point d'intérêt. On est donc obligé de faire des livres endormants ou des livres qui choquent.

Mais ce n'est pas tout. La profession littéraire, même quand l'écrivain apporte le plus grand soin à ne pas côtoyer la politique, toute fastidieuse qu'elle est, a moins de désagréments que de dangers. La loi spéciale qui régit la presse, malgré les changements de gouvernement et les révolutions, reste toujours la même. Elle place l'écrivain sous la dépendance absolue de deux industriels, l'imprimeur et le libraire. Ainsi que je crois te l'avoir déjà dit, il y aurait une chose bien simple à faire pour affranchir la pensée de la tutelle qui lui a été imposée, ce serait de déclarer que désormais l'auteur sera seul responsable de ses œuvres, et que, lorsqu'il commettra un délit par la voie de la presse, on le fera asseoir, tout seul, sur la sellette des criminels. A première vue, ce que je te dis là, pour la seconde fois, n'a l'air de rien, et c'est énorme. En effet, si les tribunaux cessent de poursuivre l'imprimeur et le libraire, sous prétexte qu'ils ont fourni à l'auteur les moyens de commettre un délit, l'auteur n'a plus que faire de compter avec eux; en publiant ses œuvres sous sa responsabilité personnelle, il est libre, il est affranchi de la tyrannie des industriels.

Malheureusement, reprit-il, nous n'en sommes point encore là. Je ne sais même pas si nous y arriverons jamais. Alphonse Karr disait en parlant des révolutions : « Plus ça change, plus c'est la même chose. » En ce qui concerne la littérature, tout en conservant l'idée d'Alphonse Karr, on ferait mieux de dire : « Plus ça change, plus ça empire. » Il y avait jadis une institution dont on a dit beaucoup de mal et qui était cependant tout simplement la véritable sauvegarde de l'art littéraire et de la dignité des gens de lettres : je veux parler de la censure. Quand un auteur avait fait un livre, il était tenu de le porter en manuscrit chez la personne désignée par le garde des sceaux pour le lire. Une fois qu'il en avait obtenu le visa de rigueur, il n'avait plus à redouter ni procès ni contrariété d'aucune sorte.

— Mais... la censure...? interrompis-je.

— Eh bien, quoi ! la censure, ce n'est autre chose qu'un mot, après tout. As-tu jamais entendu dire qu'elle ait supprimé un chef-d'œuvre? Elle a autorisé tous les livres du dix-septième et du dix-huitième siècle, et ces livres ont leur valeur. Qu'est-ce que tu as à lui reprocher, à la censure?

— Moi, rien du tout.

— Aimes-tu mieux celle de ton libraire?

— Tu as mille fois raison, ô Théo!

— Ainsi, reprit mon maître affectueux, dans le métier que tu entreprends, tu gagneras à peine de quoi vivre, tu ne jouiras jamais d'aucune liberté, même pas de celle, si légitime, de dire toute ta pensée, tu te donneras une peine de galérien, et tu seras universellement méprisé et injurié.

— Tu n'es pas encourageant, mon pauvre Théo.

— Je serais coupable si je te tenais un autre langage. Tu vas avoir un grand succès avec *Fanny*. Il ne faut pas que tu t'attendes à voir les populations s'atteler à ton char de triomphe et te convoyer par les rues. Cela ne se fait plus. C'est dommage, sans doute, mais enfin ça ne se fait plus. Les seuls Américains, peuple barbare, s'amusent encore à ces exercices; mais ils le réservent exclusivement pour les danseuses et les cantatrices. Attends-toi donc, encore une fois, à être traité comme un chien galeux, à l'occasion de chaque nouveau livre que tu publieras, à être exploité toute ta vie, et à mener toujours l'existence la plus misérable.

— En a-t-il donc été ainsi de toi?

— Oh! moi, fit-il en souriant, je n'ai pas le droit de me plaindre. J'ai eu la chance inappréciable de trouver un éditeur ami et intelligent dans Charpentier. Tu n'es pas assuré d'avoir cette chance. Comme tant d'autres, tu peux être la proie de l'industrialisme. Tu te sentiras de force à faire des chefs-d'œuvre; l'industrialisme t'empêchera de les faire. L'industrialisme a ses idées particulières en art, en politique, en religion, en histoire, en morale. Il existe des millions de moyens de le choquer. Tu le choqueras. Il te mangera.

— Mais..., lui dis-je, tu fais là un tableau bien sombre. N'y a-t-il pas quelques compensations à cet amas d'atrocités?

— Si, fit-il. Il y en a une, une seule.

— Laquelle?

— En faisant œuvre de littérateur, on a la conscience de faire la chose supérieure par excellence. *Mon art est le premier,* disait Horace.

Peu après, il reprit :

— Flaubert a plus d'esprit que nous. Il sera plus heureux que nous.

—Pourquoi?

— D'abord il a eu l'intelligence de venir au monde avec un patrimoine quelconque, chose qui est absolument indispensable à celui qui veut « faire de l'art ». Ensuite, il a eu la sagesse de ne point embarrasser sa vie d'une femme légitime ou illégitime, ni d'enfants.

Telle fut la conversation que j'eus avec Théophile Gautier au sujet de la publication de *Fanny*. Je la couchai sur le papier en rentrant chez moi, la trouvant intéressante à plus d'un titre. Si je me décide à la publier aujourd'hui, malgré ce qu'elle a, dans quelques-unes de ses parties, de trop élogieux pour moi, c'est parce qu'elle montre mon ami sous un jour où les personnes de son intimité étaient habituées à le voir, mais qui fut toujours, et pour cause, soigneusement caché au public.

XXII

Les artistes ne causent guère entre eux que de leur art, et cela pour une bonne raison, c'est que l'art, à toute heure et en tout temps, s'impose à eux, malgré eux, qu'ils ne cessent jamais d'y penser. Gautier, dans toutes nos conversations, revenait constamment sur le même thème, celui de la peinture, qu'il adorait. A tous les instants de sa vie, il regretta de n'avoir pas été peintre, et nécessairement bon peintre.

— Si j'avais en peinture, me disait-il souvent, le même talent et la même notoriété que j'ai acquis en littérature, quelle existence heureuse j'aurais menée! à quelle situation ne pourrais-je pas prétendre aujourd'hui! On fait tout pour les peintres. Les gouvernements et le public se piquent d'émulation pour les encourager et leur rendre la vie facile. Expositions publiques et privées, réclames des journaux, récompenses honorifiques, commandes généreusement payées, ils ont tout. Pour peu qu'ils aient seulement une ombre de talent, ils sont assurés de bien vivre, et s'ils ont un très-grand mérite et l'amour de l'ordre, ils peuvent être certains de faire fortune. Un bon peintre de portraits, tel que Flandrin, Ricard, Carolus Duran, peut gagner exactement tout ce qu'il veut; Meissonier est riche; si Eugène Delacroix avait eu seulement un peu l'esprit mercantile, il aurait laissé des millions.

Nous autres, reprenait-il, quand

après vingt années de succès, nous parvenons à nous faire une vingtaine de mille francs par an, nous avons obtenu notre bâton de maréchal, et les petits journaux crient au scandale. Nous avons toutes les peines du monde pour élever nos enfants. Nous ne pouvons laisser après nous que des dettes. Il y a une seconde considération qui me fera toujours regretter de n'avoir pas laissé mes facultés artistiques se développer dans le sens de la peinture : les peintres jouissent tous de la liberté la plus absolue pour le choix des sujets de leurs tableaux; bien loin de leur chercher chicane sous prétexte de moralité, les critiques et le public paraissent se donner le mot pour les pousser à peindre « le nu », ce qui est à la fois la plus grande difficulté et le plus grand régal de l'art. Souviens-toi des cris de joie qu'on entendit de toutes parts quand Ingres eut exposé sa fameuse copie si littérale de la *Vénus* du Titien.

Nous sommes allés ensemble visiter son atelier, reprit-il, lorsqu'il donnait les derniers coups de brosse à ce chef-d'œuvre de grâce juvénile qui est connu de tous les amateurs aujourd'hui sous le nom de *la Source*. Tu peux te rappeler les éloges et les encouragements dont les cinquante personnes qui se trouvaient là accablaient le maître. Ce que je dis pour la peinture peut également se rapporter à la statuaire. Lorsque, au Salon de 1847, où il y eut tant de refusés, Clésinger exposa le premier de ses chefs-d'œuvre : *La Femme piquée par un serpent,* ce fut une commotion sans pareille dans le monde littéraire et artistique. Ici, ce n'était même plus la reproduction d'une splendide femme nue que chacun voulait aller voir; c'était la vie elle-même, et la plus voluptueuse expression de la vie, qui paraissaient fixées dans un corps de marbre.

Le tapage qui se fit autour de cette merveille était mille fois mérité, car si le corps de la femme, quand il est réussi, est l'œuvre la plus exquise et la plus sublime qui soit sortie des mains de la Nature, la reproduction de cette œuvre, lorsqu'elle est bien comprise, sera toujours la tâche par excellence pour les artistes. Tous les maîtres de l'univers, depuis Apelles, Phidias et Praxitèle, jusqu'à Ingres et Delacroix, en passant par les peintres et les statuaires de la Renaissance, je dis tous, sans exception, doivent une bonne moitié de leur réputation au bonheur qu'ils ont eu de toucher si juste dans leurs différentes interprétations du corps de la femme. Si la plupart d'entre eux ont plus ou moins idéalisé ce délicieux abîme de beauté, c'est que les productions de la nature, quelque parfaites quelles soient, — et c'est le triomphe de l'art! — ne peuvent jamais s'élever à la hauteur de l'Idéal; c'est que le Beau absolu existe bien plus dans nos idées que dans les choses; mais cela ne prouve point contre la thèse que je soutiens.

Eh bien, on pourrait croire que ce qui est admis, recherché, loué, sollicité, encouragé, reconnu sans danger dans les arts plastiques, doit l'être également dans l'art littéraire. Cela, du moins, ne serait que juste et sensé. Essaye cependant un peu, pour voir, dans l'un de tes romans, de décrire le corps d'une belle femme sortant du bain, et tu verras ce qui t'arrivera;

XXIII

Près de quinze ans après cette conversation, le pauvre Théophile Gautier se trouvant dans les derniers mois de sa vie, comme je venais de publier *le Lion devenu vieux,* dans lequel, acceptant l'espèce de défi que mon ami m'avait porté, je me suis amusé à décrire une femme, — et une femme appartenant à la meilleure société — dans la situation indiquée, étant allé un jour à Neuilly passer quelques instants auprès du malade, je lui trouvai un air énigmatique, presque agressif.

— Tu sais que je ne lis jamais de journaux, me dit-il, m'intéressant médiocrement à la politique. Cependant, hier, mon cordonnier étant venu m'apporter une paire de souliers, et ces souliers étant enveloppés dans un journal, je fus frappé de voir ton nom imprimé tout vif dans le feuilleton de ce journal, et supposant qu'il s'agissait de quelque nouvel *éreintement* de l'une de tes œuvres, et que la chose alors pouvait t'intéresser, je l'ai soigneusement mis de côté.

Le voici, reprit-il en prenant un numéro de la *Gazette de France* sous le coussin de son fauteuil, de sorte que le poëte se trouvait assis dessus. Comme tu as le caractère bien fait, je vais te faire la lecture de l'article. Je regrette que Flaubert ne soit pas là. Nous ririons comme des bossus.

Alors, de la belle voix un peu enrouée qu'il conserva jusqu'à son dernier jour, mon malicieux ami se mit à me lire une chose sans nom, dans laquelle j'étais tout simplement traité, en toutes lettres, de *ramolli, gâteux, idiot, imbécile* et *pornographe.*

Je ne ferai point au goujat de lettres qui commit ce feuilleton, l'honneur de le nommer. Mais je voudrais pouvoir essayer de rendre la jubilation de Gautier. Il se tordait de rire sur son fauteuil.

— Quand on pense, me dit-il, que tu as mérité toutes ces épithètes d'un critique qui pose pour l'homme vertueux, pour avoir fait, avec la plume, ce que l'Albane, le Titien, et plus de cinq cents autres peintres qui sont tous honorés, avec juste raison, ont fait avec la brosse!

XXIV

J'ai dit que Théophile Gautier était malicieux. Il s'amusait parfois à me taquiner, sans aigreur, sur ce qu'il appelait « mon éloquence ».

— Tu as tort, me dit-il un jour, de donner tant de place au sentiment et à la passion dans tes livres. La plastique est l'art supérieur.

Et comme je me récriais, comprenant qu'il voulait me faire *poser,* il reprit :

— Tu as pu t'étonner de voir que, moi, je donne tant de place aux descriptions. Cela tient à deux causes que tu comprendras, parce que tu es mon ami, et que tu ne hais pas le style descriptif.

— Voyons la première cause.

— Elle provient des ennuis que j'ai toujours éprouvés, et dont je t'ai parlé souvent, toutes les fois que j'ai voulu faire passer dans les journaux le plus faible reflet de ma pensée. J'ai mes idées à moi sur toute chose : sur l'art, la politique, la philosophie, les religions, la morale, la science, la civilisation, le soi-disant progrès, voire même l'industrie. Mais comme ces idées ne peuvent être celles de toutes les personnes, connues et inconnues, qui ont de l'influence dans la feuille où j'écris, — d'autant plus que je soupçonne fortement lesdites personnes de n'être jamais d'accord entre elles, — chaque fois que j'ai été assez mal inspiré pour consigner sur le papier la plus inoffensive de ces idées, je l'ai vue immanquablement raturée, sans même qu'aucune bonne âme prît la peine de me dire pour quel motif. Or, comme je trouve inutile de faire de la *copie* qu'on n'imprime pas, comme le procédé, d'ailleurs, est grossier, offensant pour ma dignité, je me suis réfugié dans la description, certain de ne choquer personne, de n'être pas considéré comme séditieux quand je me livre à la peinture des choses extérieures.

— Cela prouve que tu es un homme judicieux, lui dis-je. Voyons maintenant la seconde cause.

— C'est que, avec mon procédé, étant pourvu de bons yeux pour voir, et ayant un talent suffisant pour décrire ce que je vois, je suis certain de ne jamais imprimer de bêtises. Lorsque je publiai *Constantinople*, qui, je m'en flatte, est un livre assez réussi sous le rapport des descriptions, je me rappelle qu'un nigaud de critique me reprocha de n'avoir pas donné assez de place dans mon œuvre au côté intellectuel et sentimental de mon sujet. « On voit les personnages aller et venir, disait-il; on vous montre leurs costumes et leurs attitudes; on sait comment sont faits les monuments et les paysages; mais ce dont l'auteur ne parle même pas, c'est de la manière de penser et de sentir des habitants de Stamboul. On dirait qu'ils sont tous dépourvus d'âmes. » Je ne répondis point, reprit Gautier, parce qu'un écrivain qui se respecte ne répond point à ces choses-là; mais je trouvai l'observation de ce monsieur singulièrement ridicule. Il s'agissait, en effet, de savoir d'abord ce que c'est que l'âme, et si les Turcs ont une âme, ce qui n'a jamais été scientifiquement démontré.

Ensuite, comment aurais-je pu deviner

ce qu'ils pensent? Je suis un étranger; je viens chez eux pour visiter leur ville, qui est célèbre en tous lieux pour son caractère pittoresque et sa beauté. Je me promène partout, j'examine toute chose, je pénètre dans les édifices où il n'est point interdit aux chrétiens de se présenter; je consigne consciencieusement mes observations dans mon livre; je fais tous mes efforts pour qu'il soit rigoureusement exact, écrit en bon langage, spirituel et amusant. Je n'y réussis pas trop mal. Ce n'était pas facile. Le premier venu ne s'en serait peut-être pas si bien tiré. Et on ne trouve pas cela suffisant! Comment pourrais-je savoir ce que pensent les Turcs, puisque nous ne parlons pas la même langue; qu'ils vivent renfermés, sont méfiants; cachotiers, et tiennent soigneusement les Européens à distance?

Fallait-il, comme le font tant d'autres voyageurs, bourrer mon livre d'emprunts faits aux *Guides Joanne?* J'ai cru agir en honnête homme en n'y mettant que des choses de mon cru. Et depuis lors, dans tous mes écrits, j'ai suivi le même système. Je m'en trouve bien, m'étant fait une spécialité dans laquelle j'ai très-peu de rivaux à craindre. Je n'ai pas la prétention d'imposer mon procédé aux critiques et aux romanciers. Je ne le propose à personne; mais j'entends demeurer, envers et contre tous, un descripteur. La plastique est l'art supérieur.

XXV

Je revins à plusieurs reprises pour le combattre sur cet exposé de principes. Mais Gautier s'y montra toujours intraitable.

— Avant tout, me dit-il, chaque artiste, pour réussir, doit suivre sa voie, travailler dans le sens de son tempérament. Tu te tires assez bien des descriptions, mais tu es spécialement éloquent et passionné. Tu feras bien de t'en tenir là, de ne pas t'égarer ailleurs. Moi, je tâche, en toute chose, même dans les scènes de passion dont je ne puis complétement me passer dans mes romans, de demeurer toujours plastique.

Ainsi que tu as dû t'en apercevoir, dans mes critiques d'art, je m'exerce surtout à décrire, pour les faire voir, les tableaux dont j'ai à parler. Jamais tu ne me verras afficher la prétention saugrenue d'apprendre leur métier aux peintres et aux statuaires. Je donne mon opinion sur leurs œuvres; je dis ce qu'elles sont; je m'attache à mettre en relief leurs qualités véritablement originales. Je tâche de leur faire le moins de tort possible en parlant de leurs défauts, quand ils en ont. N'est-ce pas là le meilleur service que je puisse rendre à eux et au public?

De même, dans mes comptes rendus dramatiques, je m'attache à décrire la représentation de chaque pièce tout entière, de faire en sorte que mes lecteurs ne perdent rien de l'impression qu'ils auraient eue s'ils avaient assisté à cette représentation. Décors, costumes, physionomie des acteurs, composition de la salle, incidents dramatiques, je ne néglige rien, et c'est à cause de cela que je parviens à donner quelque intérêt à mes articles. Mais à quoi tout cela sert-il? s'écria ici Théophile Gautier avec fatigue. Je ne mets rien, par ordre, dans mes feuilletons de ce que je voudrais y voir; en revanche, je suis obligé d'y fourrer, toujours par ordre, une foule de choses dont la seule pensée me fait mal au cœur. Je suis tyrannisé, humilié, ravalé au niveau du plus bas des manœuvres. Les monstres qui usent ma vie ne se doutent même pas des tortures qu'ils me font souffrir. Je ne vois aucun moyen de me tirer de leurs griffes.

O Feydeau! reprit-il avec une expression de regard que je ne saurais oublier, si jamais tu apprends que l'un des nôtres a l'intention de publier quelque chose de véridique et de sensé sur l'existence de ton ami, toi qui, avec Flaubert, as été le confident le plus intime de ma pensée et de mes tristesses, ne manque pas de répéter à mon biographe tout ce que je viens de te dire ; et si, comme je l'espère, tu me survis, fais que je sois vengé après ma mort, n'ayant pu l'être pendant ma vie.

Cette recommandation ne tomba pas, comme on peut le voir, dans l'oreille d'un sourd.

XXVI

Si je suis revenu à deux reprises sur le sujet des épanchements habituels de Théophile Gautier, ce n'était pas seulement pour complaire à son ombre irritée, qui aurait pu tourmenter mes nuits si je n'avais pas servi sa vengeance; le désir de révéler au public la situation qui est faite aujourd'hui au plus grand nombre des écrivains par les progrès de l'hypocrisie, de la pédagogie, et l'influence toujours croissante du journalisme, a également dirigé ma plume [1].

---

[1] Quelques lignes de ce chapitre ayant donné lieu à un procès contre le journal qui les avait insérées, nous

C'est une chose admise aujourd'hui par une foule de niais malfaisants, que, pour faire réussir une feuille de chou quelconque, il suffit de n'y laisser pénétrer ni originalité, ni indépendance, ni observation, ni style, ni esprit. Pourvu que les demoiselles de province puissent la lire sans que soit exposée à aucun danger leur vertu de pacotille ; qu'il n'y soit pas fait la moindre allusion à la partie sensorielle de l'humanité ; que toutes les opinions politiques, religieuses, philosophiques même, y soient respectées ; tout est bien, le recueil est bon, il doit faire son chemin dans le monde et dans les deux mondes. Légitimistes, orléanistes, bonapartistes, républicains, radicaux, Prussiens, et de même, ultramontains, néo-catholiques, protes-

n'avons pas cru qu'il nous fût possible de les reproduire ici. (*Note des éditeurs.*)

tants, juifs, positivistes, athées, et enfin mères de famille, industriels, fonctionnaires publics et femmes libres, pourront s'y abonner — et s'y délecter.

La seule chose à laquelle n'ont jamais songé les ingénieux spéculateurs qui se livrent spécialement aux opérations anti-intellectuelles dont je parle, c'est que, dans une affaire de journalisme, il peut y avoir, il y a en effet, autre chose qu'un but mercantile.

XXVII

Il y avait à cette époque à Paris une jeune, belle et aimable femme, qui était bien connue du monde des artistes, autant par le magnifique portrait que Ricard avait fait d'elle, que parce qu'elle passait, à tort ou à raison, pour avoir servi de modèle au statuaire Clésinger, dans l'exécution de la belle statue d'où date la réputation de ce dernier : *La Femme piquée par un serpent*. Madame S... demeurait rue Frochot, ne recevait que des artistes, et chaque dimanche elle réunissait autour de sa table la plupart de mes amis. Théophile Gautier, Flaubert, Bouilhet, Baudelaire, Rayer, le compositeur ; Préault, le statuaire ; Maxime du Camp, Henri Monnier, étaient ses hôtes les plus habituels. Comme, selon le dire de Gautier, « elle se montrait supérieure aux autres femmes, d'abord en ce qu'elle était mieux faite que la plupart d'entre elles, ensuite parce que, contrairement aux habitudes des personnes de son sexe, elle n'exigeait point qu'on lui fît la cour, et permettait aux hommes de parler devant elle des choses les plus sérieuses et les plus abstraites, on l'avait surnommée *la Présidente,* et madame S... portait ce joli surnom avec tout l'esprit et toute la bonne grâce imaginables. Comme je trouvais que mes amis tardaient beaucoup à me présenter à madame S..., je pris le parti de me présenter moi-même, et je ne fus pas moins bien reçu pour cela.

La Présidente me convia à ses dîners du dimanche, dont elle faisait les honneurs avec autant d'urbanité que de bonté. Lorsque je me rappelle les histoires *truculentes* — pour me servir d'une expression familière à Théophile Gautier, — les paradoxes abracadabrants et les discussions subversives qui se succédaient à sa table, je ne cesse de m'émerveiller du parfait sans-gêne de quelques-uns des convives et de l'exquise tolérance de la maîtresse de la maison. Il fallait véritablement avoir le caractère des mieux faits pour avaler toutes les couleuvres de Baudelaire. L'auteur des *Fleurs du mal* se cassait constamment le cerveau pour se rendre absolument insupportable, et il y parvenait. Baudelaire avait su se glisser dans la petite phalange littéraire dont j'eus l'honneur de faire partie, grâce à son véritable talent de poëte; mais il nous choquait presque tous, disons le mot, nous *assommait* par son insupportable vanité, sa manie de *poser*, l'aplomb imperturbable avec lequel il débitait, sans en penser un mot, les sottises les moins divertissantes. La peur folle, incessante, de ressembler jamais en rien à cette bête noire des artistes, qu'ils nomment entre eux le *bourgeois*, avait fait rapidement tomber le pauvre garçon au-dessous de Joseph Prudhomme lui-même.

Le plus amusant de la chose, c'est que Baudelaire ne s'en doutait même pas. Ayant le cerveau détraqué, il avait naturellement horreur du bon sens, mais il se croyait de tous points un homme supérieur, et les coups de griffe les plus sournoisement appliqués de Sainte-Beuve n'avaient même pas le pouvoir de lui faire tomber les écailles des yeux. Sainte-Beuve, parlant de Baudelaire et devant Baudelaire lui-même, disait : « Il y en a un parmi nous qui s'est construit une sorte de pavillon chinois, lequel n'a même pas le mérite d'être de mauvais goût, dans le coin d'un grand parc dont les arbres sont de carton peint, les rochers de faïence, et où l'on trouve à chaque pas des dragons de porcelaine et des Chimères de terre cuite. Condamné par lui-même à vivre dans ce kiosque incommode, et où il ne s'amuse pas du tout, notre ami se nourrit de cloportes et d'araignées en guise de beefsteaks; il s'abreuve d'opium, affecte de mépriser le genre humain comme la boue, et cependant ne cesse de faire des tours d'équilibriste, tels que d'avaler des lames de sabre et des étoupes enflammées, de marcher sur les mains, la tête en bas et les pieds en l'air, et cent autres gentillesses décentes pour obtenir les applaudissements du public. »

XXVIII

Il fallait connaître Baudelaire pour savoir à quel point certains mots de cette sortie devaient lui être désagréables. Lui dire qu'il n'avait même pas mauvais goût, qu'il y avait de la décence dans ses gentillesses, c'était lui faire l'outrage le plus sanglant. De sottise en sottise, le pauvre diable en était arrivé au point de prendre en toute chose exactement le contre-pied du sens commun, et, se croyant alors original, il se pavanait dans cette forfanterie pitoyable, avec une naïveté qui faisait peine. L'une de ses *scies* habituelles, et qui, en somme, ne demandait pas grand effort d'esprit, consistait à ravaler, à mettre plus bas que terre les hommes du plus beau génie, ceux dont la gloire est consacrée par les applaudissements d'une longue suite de siècles.

Par exemple, il disait avec un sérieux de Guignol, qu'Homère avait presque autant de talent que M. Barbey d'Aurevilly; il comparait Léonard de Vinci à je ne sais quel caricaturiste anglais qu'il avait découvert, et qui faisait assez proprement des dessins à la plume. S'il ne traitait pas tout à fait Michel-Ange comme un polisson, c'était par pure bonté d'âme. Ces impertinences de Baudelaire lui valaient quelquefois d'assez dures leçons. Il n'était pas toujours prudent à lui, chétif, de se frotter à des hommes d'esprit de la force de Sainte-Beuve, Théophile Gautier, Paul de Saint-Victor, Louis Bouilhet et

Jules de Goncourt. Les traiter comme des imbéciles, en tirant devant eux de piteux feux d'artifice qui n'étaient même pas bons à scandaliser des *bourgeois*, c'était une action outrecuidante.

Je me souviens qu'un jour, s'étant avisé de *tomber* Shakspeare, et de soutenir que l'auteur dramatique anglais avait été *inventé* par la critique, Sainte-Beuve, qui n'était cependant pas, dans ces derniers temps, fanatique de romantisme, releva le gant. L'affaire ne fut ni douteuse ni longue. En moins d'un tour de main, le pauvre Baudelaire fut aplati. Et il ne s'avisa jamais de s'en vanter.

Un autre jour, ce fut moi qu'il prit à partie. Nous dînions chez *la présidente*. Je parlais de l'œuvre de lord Byron, que je crois connaître, l'ayant traduite. Aussitôt Baudelaire, pour m'éblouir sans doute, imagina d'improviser un parallèle entre le noble lord et M. Veuillot, parallèle dans lequel, nécessairement, il ne manqua pas de mettre le journaliste cent pieds au-dessus du poëte. J'étais mal disposé. Je pris la mouche. Je suis quelquefois un peu vif. Baudelaire voulut faire quelques concessions; mais il était trop tard. Je lui dis son fait.

XXIX

Gautier était peut-être celui de nous qui se montra toujours le plus indulgent pour les impertinences de Baudelaire. Le faible qu'il n'avait jamais cessé de montrer, en horreur des conventions et du vulgaire, pour le rare, l'excentrique, le quintessencié, le baroque, le *faisandé*, disait Sainte-Beuve, devait nécessairement lui rendre moins désagréables qu'à nous autres les sempiternelles *balançoires* de l'auteur des *Fleurs du mal*. Et puis, le bon Théo ne haïssait pas absolument le paradoxe. Il le maniait avec esprit, en se jouant; l'expression de son visage démentait invariablement ce qu'il y avait d'excessif dans ses paroles. Flaubert et lui s'amusaient souvent à se renvoyer la balle, et le candide Baudelaire prenait nécessairement tout ce qu'ils disaient pour argent comptant. Les choses prirent enfin une telle importance que je ne pus me refuser le plaisir d'en tirer parti, et celui de mes romans qui porte le nom de *Sylvie* naquit des excentricités qui se débitaient à la table de *la présidente.*

C'était là qu'on pouvait le mieux juger la nature d'esprit particulière de Théophile Gautier. Il y était entouré d'amis, il s'y sentait à l'aise, dans la « sphère de bienveillance » qui est indispensable aux artistes pour le libre épanouissement de leur génie ; chacun de nous l'aimait, l'écoutait comme un maître, comme un oracle, le poussait à la pleine manifestation de sa pensée. Nul ne saurait se faire une idée de l'esprit qui se dépensait chaque dimanche soir autour de cette table où, la maîtresse de maison aidant, nous ne laissâmes jamais s'asseoir aucun malveillant. Je n'ai pas recueilli les voix de tous ceux qui s'y asseyaient ; mais, je crois pouvoir l'affirmer, les instants les plus agréables de notre existence à tous se sont passés chez *la Présidente,* et c'est autant à l'aimable bienveillance de cette charmante femme qu'à la verve intarissable et de bon aloi de Théophile Gautier que nous le devons.

XXX

Nous y vivions en bons camarades, comme si nous avions tous été du même sexe. Madame S... se montrant également affectueuse pour chacun de nous, s'étudiant à n'accorder de préférence à personne, nulle rivalité ne pouvait exister entre ses amis. Une des particularités de la singulière société qu'elle recevait, c'est que chacun y était affublé d'un surnom, même ceux qu'on ne voyait jamais chez elle et qui n'y figuraient que pour mémoire. Victor Hugo et Sainte-Beuve, par exemple, qui étaient de ce nombre, ne furent jamais appelés que le *père Hugo* et l'*oncle Beuve*, non par irrévérence familière, mais par esprit d'humilité, et afin d'indiquer l'estime dans laquelle nous tenions ces deux chefs de l'école. Théophile Gautier, amputé de la dernière moitié de son prénom, portait avec une sorte de fatuité gracieuse le nom de *Théo*, qui allait si bien à sa personne et à la nature de son talent. Flaubert, je n'ai jamais su pourquoi, fut nommé *le sire de Vaufrilard*; Bouilhet, sans doute à cause de sa panse d'évêque et de la dignité de son maintien, reçut le nom de *Monseigneur*; quant à moi, j'eus l'honneur de me voir baptisé trois fois.

Ayant un jour commis l'imprudence de dire devant Flaubert que le véritable nom de Nabuchodonosor, en langue hébraïque, était *Naboukoudouroussour*, mon ami déclara que je serais condamné à porter ce beau nom; mais Théo, prenant en pitié la misérable condition d'un homme de lettres français affublé d'une si formidable étiquette, et en considération de l'ouvrage que j'avais récemment publié sur les sépultures des anciens, décida qu'il serait infiniment plus équitable de m'obliger à porter le nom de *grand nécrophore;* puis, quelques mois plus tard, dans un moment d'amabilité, il me donna le surnom de *colonel des métaphores*, sous lequel j'espère bien passer à la postérité la plus reculée.

Telles étaient les joyeusetés auxquelles nous nous amusions chez *la Présidente.* A ce propos, je répéterai que celui de nous qui tenait constamment les autres sous le charme de sa conversation était invariablement Gautier. Par une singulière et précieuse faculté de son esprit encyclopédique, il parlait absolument comme il écrivait. C'était la même pureté de style, la même abondance d'images, le même choix de pensées, les mêmes saillies, les mêmes traits. Plus tard, lorsque je transcrirai ici les lettres de lui que je possède, on verra à quel point son esprit se jouait facilement dans les sujets les plus familiers. Il s'y plaisait autant, et il y apportait la même méthode de langage et le même bonheur d'expressions que dans les sujets les plus sérieux. « Fais-nous donc un feuilleton! » Telle était la formule invariable par laquelle nous l'invitions à nous raconter quelque histoire. Et de fait, cette histoire, improvisée au milieu du brouhaha des conversations, était toujours aussi littérairement conduite et spirituellement débitée que l'article d'art le mieux médité.

Ce serait ici le moment de montrer

quelle était la nature particulière de l'esprit de Théophile Gautier dans le déshabillé de la familiarité. Il m'eût été facile de faire des pastiches de toutes les conversations que nous avons eues ensemble. Comme tous les écrivains qui ont une forme véritablement originale et nettement accusée, Gautier peut être aisément pastiché. J'ai mieux aimé me contenter de donner au public ce qu'on peut appeler « la moelle de ses opinions », ou, mieux encore, « le suc de ses pensées », laissant percer les mots qui lui étaient le plus familiers toutes les fois qu'ils se faisaient jour sous ma plume. J'essayerai cependant, dès à présent, de pénétrer un peu plus avant dans l'expression la plus habituelle de sa familiarité.

En voici un exemple :

Un jour, je lui amenai, à Neuilly, mon

fils, délicieux bambin de huit ans, dont les longs cheveux d'or et de soie, la charmante prestance et l'air intelligent, — amour-propre de père à part, — ont toujours fait l'admiration de toutes les personnes qui le connaissent.

— Mon cher Théo, lui dis-je, je te présente mon chef-d'œuvre.

Il regarda longuement l'enfant, passa sa main dans ses beaux cheveux; puis, se tournant vers moi en souriant, comme pour me féliciter :

— On voit, répondit-il, que tu t'es appliqué à le faire.

La transcription de quelques lettres de mon ami ne sera pas de trop ici. Mieux que ma prose, elles montreront comment, même dans le ton famillier et le trivial, il savait toujours rester littéraire.

Mais, d'abord, il est utile d'ouvrir une

parenthèse pour placer une observation.
Les lettres de Théophile Gautier sont
extrêmement rares. La calligraphie lui
inspirait une insurmontable horreur. « Les
lettres, disait-il parfois, c'est de la *copie*
qui n'est pas payée. » Je suis peut-être
celui qui possède le plus grand nombre
d'autographes de Théophile Gautier, et la
chose n'est pas surprenante, eu égard à
l'intimité et à la durée de notre liaison.
Je ne m'engage point à publier toutes les
lettres que j'ai conservées. Je ferai simplement un choix parmi celles qui, pour
une raison quelconque, me sembleront de
nature à intéresser le lecteur. Si on les
trouve parfois trop aimables, il n'en faut
accuser que l'amitié qui nous attachait
l'un à l'autre, l'auteur de ces lettres et
moi. Je prends l'engagement de ne retran-
cher de mes citations que les passages qui

pourraient être gênants pour les tiers, ainsi que ceux qui sont trop familiers pour être exposés au grand jour de l'impression.

XXXI

La première lettre de Gautier que je trouve dans mes paperasses est une truculente étude de rhume :

Mon cher Ernest, colonel des métaphores, ne m'attends pas aujourd'hui. Je suis pris d'un tel rhume de cerveau, gorge et poitrine, que j'éternue, tousse et crache en même temps. Triplicité phénoménale peu réjouissante ! Je suis assis sur ma peau comme les Samyasis de l'Inde, non pas entre quatre réchauds, mais entre quatre mouchoirs, ahuri, abruti, larmoyant, l'œil et le nez rouge, versant des Niagaras de flegmes, pituites, glaires et autres mucosités. A peine si je puis fumer. Juge un peu !

Ton ami Théo, devenu temporairement le père Ducantal.

THÉOPHILE GAUTIER.

En voici quelques-unes d'un ton plus sérieux. Elles sont toutes datées de Saint-Pétersbourg ; la première contient des détails inédits sur son grand ouvrage : *Trésors d'art de la Russie ancienne et moderne.*

Saint-Pétersbourg, 16 décembre 1858.

O Feydeau! ô mon ami, ô grand nécrophore, ô colonel du régiment empanaché des métaphores, ...
. . . . te dire le plaisir que ta lettre m'a fait est inutile puisque j'y réponds, tu le vois. Ce plaisir a été gâté, car rien ne peut être pur ici-bas, par le chagrin que m'a causé la nouvelle de la maladie si cruelle et si douloureuse de ta femme. Quand ce ne sont pas les sept glaives de la douleur morale qui nous lardent le cœur, il faut que ce soient les mille poignards du rhumatisme. Pourquoi infliger cette torture horrible à une créature si blanche, si douce et si belle ?

J'aime beaucoup doña Inez, et j'ai cherché

un remède pour elle en ce pays de douleurs arthritiques. On emploie avec beaucoup de succès l'huile chloroformée, appliquée sur compresse de linge recouverte de coton et de taffetas gommé. Cette huile ne laisse ni rougeurs, ni boutons, ni cloches, grave considération ! car, même pour leur sauver la vie, il ne faut pas gâter le torse marmoréen des belles femmes. Il y en a si peu ! La sensation est celle d'une flamme légère, voltigeant sur la peau comme une flamme de punch, mais plutôt voluptueuse que désagréable. Essaye ; ce sera au moins un dérivatif puissant qui détournera la souffrance intérieure. En tout cas, exprime-lui ma tendre et profonde sympathie. Je te remercie beaucoup des petits services que tu rends à ton homonyme. Ce que l'on fait pour elle est écrit sur mon livre de reconnaissance et sera payé au centuple. Il a couru ici un bruit qui m'aurait bien inquiété si une lettre d'un ami où il était question de toi ne m'eût rassuré fort à propos. L'on a conté, d'après je ne sais quelle feuille, qu'en faisant à Trouville des études pour le grand roman auquel tu travailles, tu avais fait une excursion en mer par un gros temps, que la barque avait chaviré, et qu'on t'avait repêché longtemps après à demi mort, et même noyé tout à fait.

Je ne suis pas crédule aux bruits de journaux, étant moi-même journaliste; mais il y avait là-dedans une chose *vraie* qui me tarabustait l'esprit : c'était la circonstance de Trouville, où se passe, en effet, la scène de ton roman, et où, je crois, tu as fait un voyage de quelques jours. Je te sais descripteur assez exact pour y être retourné, afin de t'assurer de quelques détails, et cela m'étonnait. Je ne pouvais décemment t'écrire pour te demander si tu étais mort. Ta lettre m'est parvenue à point pour me tirer de perplexité, car je ne pense pas que ce soit ton ombre qui m'écrive. Je ne te fais pas de littérature sur ce chiffon de papier. J'en envoie au *Moniteur,* c'est bien assez. On ne gèle pas trop ici. Grâce aux poêles et aux fourrures, on voit plutôt l'hiver qu'on ne le sent. Mais je ne te cache pas que je préfère Alger, Malte ou Smyrne comme température habituelle. Je suis un fils du soleil, et cependant j'aime la neige. On dirait du marbre de Paros en poudre. C'est peut-être la poussière des statues que racle là-haut avec la râpe et le papier de verre le grand plastique, fabricateur des mondes. — Je finis sur cette idée à la Cyrano de Bergerac, d'assez mauvais goût pour te plaire, et te prie de baiser pour moi la vieille moustache de Flaubert.

Tout à toi,
THÉOPHILE GAUTIER.

Saint-Pétersbourg, 7 février 1859.

Mon cher Ernest,

Je dispose de toi sans t'en demander permission. Il s'agit d'abréger d'un grand mois mon séjour en Russie, en acceptant d'être mon mandataire à Paris pour l'exécution de la première livraison de notre ouvrage. — Tu as l'expérience, par ton fort bouquin solennel et nécrophorique, de ces beaux volumes à images, et tu peux la mettre à notre service : poëte par un côté, tu es, chose admirable, homme d'affaires de l'autre ; donc, ce que tu concluras sera bien fait.

Le type de notre livre doit être l'œuvre photographié de Paul Delaroche, édité par Goupil. Nous voulons le même vélin, le même papier de Chine encadrant les épreuves, sauf le format, qui sera franchement in-folio.

La livraison des *Trésors d'art de la Russie ancienne et moderne* contiendra douze planches de photographie et douze feuilles in-folio d'impression, soit vingt-quatre de texte pour douze images, en tout trente-six pages, si l'on chiffre les planches.

1° Combien coûteraient de composition, avec caractères neufs, aussi parfaits que possible, chez Claye, Ducessois, Plon, Didot ou tout autre imprimeur de ton choix, ces douze feuilles in-folio ?

2° A combien reviendrait le papier grand-aigle vélin, de qualité supérieure nécessaire pour tirer à trois cents ou à cinq cents ces vingt-quatre pages de texte et coller les douze photographies ?

3° Quel serait le prix du tirage et du satinage,

faits très-soigneusement, comme il convient pour un ouvrage de luxe coûtant seize cents francs ; tout cela calculé pour une livraison ? Il y en aura seize.

Réponds-moi, informations prises, courrier par courrier, afin que nous sachions à quoi nous en tenir, mais n'attends pas notre assentiment pour marcher. Tu l'as. Les conventions que tu feras à Paris, nous les tiendrons exactement à Saint-Pétersbourg. L'imprimeur, le marchand de papier, n'auront qu'à tirer sur M. Carolus van Raaiy ou indiquer le mode de payement qu'ils préféreront dès à présent, ou quand ils auront fini leur travail et livré leur matière avec prix débattu avec toi, prix que nous acceptons d'avance. Il s'agit d'aller vite ; le retard du photographe Richebourg, empêtré par d'énormes bagages, retenu par de longs préparatifs, nous a fait perdre un temps précieux qu'il est urgent de rattraper, car l'Exposition arrive, et notre publication devrait être commencée déjà.

Dans huit jours je t'enverrai le texte de la première livraison, que j'aurai combiné avec les planches. Tu le feras composer sur-le-champ, le corrigeras de ta noble main et en feras tirer vingt-cinq exemplaires-épreuves, mais sur du papier réel, glacé, satiné, en tout semblables à des livraisons définitives. Tu y joindras les feuilles de vélin blanches sur lesquelles doivent s'appliquer les photographies. Il faut ici passer à la censure, et la censure ne lit pas les manuscrits. Les vingt-cinq premiers exemplaires sont destinés, en outre, à être soumis comme spécimen et comme preuve d'un commencement d'exécution aux très-hauts, très-illustres et très-puissants personnages qui protégent l'entreprise. Si la censure ne trouve rien à reprendre, nous t'enverrons un télégramme ainsi conçu : Tirer trois cents, ou cinq cents, et diriger instantanément vers Saint-Pétersbourg. — Sinon, je te retournerai l'épreuve avec les modifications et les corrections à faire.

Ces vingt-cinq exemplaires, fais-nous-les parvenir par les moyens les plus rapides, roulés gros ou pressés entre des plaques de carton, de façon à ce qu'ils gardent leur fraîcheur, par la poste, si elle veut les accepter, ou par l'ambassade russe, si nous obtenons qu'elle veuille s'en charger. Nous commençons dès aujourd'hui les démarches nécessaires pour cela.

Tout ceci est bien compris, n'est-ce pas ?

Dans la composition du titre, le nom de l'Empereur doit être un peu plus gros que celui de l'Impératrice, le mien différer par le caractère de celui de Richebourg et de Carolus Van Raaiy, enfin être mis en vedette, comme on dit en style d'affiches, et toutefois rester plus petit que les noms officiels. Tâche de bien varier et disposer les caractères, et de donner au titre cette belle forme de vase que recherchent les bibliomanes et les typographes amoureux de leur art.

Voilà bien de l'embarras, mon cher colonel des métaphores ; mais ce sera pour cette livraison seulement. Après, je retourne à Paris avec les notes et les matériaux nécessaires pour l'ouvrage ; mais il faut que je reste ici maintenant pour diriger Richebourg et lui indiquer sous l'angle choisi les sujets qu'il doit reproduire. J'ai adopté ta méthode. Je me couche à huit heures et je me lève à quatre pour travailler ; mais j'ai bien de la peine à éviter les invitations ; c'est une vraie calamité. Les gens du monde, qui dorment toute la journée et ne font rien, ne comprennent pas que leur vie ne peut cadrer avec la nôtre. Le peu que j'ai fait ici, je l'ai fait dans ces heures de solitude et de recueillement nocturnes. Si je n'ai pas beaucoup écrit, en revanche j'ai beaucoup regardé avec mon œil de rat ou de myope, ce qui est synonyme (*mus,* rat ; *ops,* œil).

La *Revue étrangère* de Saint-Pétersbourg a publié le commencement de *Daniel.* On va me la prêter, et j'avalerai la chose d'une gorgée, comme un breuvage délectable. Si Flaubert, à qui rien ne semble bon, trouve que c'est un chef-d'œuvre, ce doit être un morceau splendide et truculent. — Dis-moi si le neuvième article de mes esquisses de voyages a paru au *Moniteur ;* j'en ai envoyé un dixième, contenant des effets d'hiver pas mal réussis à mon idée ; c'est glacé, mystérieux et boréal ; j'espère que doña Inez, pour qui j'ai une affection dont tu ne peux être jaloux, vu les huit cents lieues qui nous séparent, se porte maintenant tout à fait bien, et que je la reverrai aux dîners du lundi aussi belle que jamais. Tu vois que j'abuse de toi en ami, et que je te traite comme Oreste traitait Pylade ; mais l'on m'a fait ici un tel accueil, témoigné tant de confiance, que je suis engagé d'honneur à faire une merveille dans le plus bref délai possible. Il faut profiter de l'attention éveillée et des partisans que ma présence rallie à l'œuvre.

P. S. J'arrive de Moscou. C'est étrange, splendide, incroyable, chimérique. Je mets Moscou à côté de Constantinople, de Venise et de Grenade. Mon prompt retour est dans tes mains. Si la livraison, aussi belle que possible, est arrivée à Saint-Pétersbourg le 10 mars, terme de rigueur, je pars aussitôt pour ma belle patrie. Ne néglige rien, n'épargne rien ; rien n'est plus cher que le retard. L'argent se dépense inutilement, et c'est encore une semaine de plus à rester loin de ses amis.

Tout à toi de cervelle et de cœur,

THÉOPHILE GAUTIER.

La suivante prouve qu'il était doué des dispositions les plus heureuses pour la confection des calembours :

Saint-Pétersbourg, 11 février 1859.

Mon cher Ernest,

Tu dois être surpris de ne pas voir arriver la copie après la lettre urgente que je t'ai écrite ; mais Richebourg, par défaut de coïncidence avec les départs de poste, a beaucoup tardé et nous a tenus en alarme. Il est arrivé enfin, précédant de quelques jours son bagage, qu'il a fallu déballer ; tout cela nous a inquiétés et distraits. Enfin, voilà un morceau de *copie!* Le reste va suivre régulièrement, cinq par cinq. Ta réponse, sans doute, est en train de trimbaler dans les malles et les sacoches des courriers par wagon, télégue, kibitka, traîneau et autres véhicules sauvages. Tout ce que tu auras décidé sera bien. Tu es sage et malicieux, connaissant les *trucs* des hommes et des libraires, et comprenant même la littérature de ton ami lorsqu'il parle affaires. Si la chose peut aller de la sorte, je gagne un grand mois et je reparais splendide sur le boulevard. Il fait aujourd'hui un temps superbe, et je me lève pour aller baisser le store ; le soleil, qui danse la sarabande sur mon pupitre, m'éblouit les yeux. C'est égal, quoique la neige étincelle comme du marbre de Carrare en poudre, je ne serais pas fâché de revoir un peu la boue de ma patrie. Je manque de métaphores et de hurlements, et j'ai peur, à la longue, de perdre le *la* du gueuloir[1]. Cet étourdi de Poulet-Malassis (*pullus gallinaceus male sedens*) a copié, pour *Émaux et Camées*, la première édition, de façon qu'il a sauté deux pièces qui sont ajoutées à la seconde : les *Accroche-cœur* et les *Néréides*. C'est adroit pour un recueil complet ! Il n'a pas mis non plus la pièce intitulée *l'Art* à la place indiquée : elle devait venir après *Bûchers et Tombeaux* et clore le volume dont elle résume l'idée. Sauf cela, c'est parfait ! Comment va *Daniel ?* As-tu toujours trois cents critiques vertueux hurlant après tes chausses ? Revois mon fragment de

---

[1] Allusion à la manière de déclamer de Flaubert.

saint Isaac avec soin, et si quelque terme d'architecture clochait, corrige. J'y ai mis tout le soin possible, mais on ne voit le véritable effet des choses que sur le papier.

Adieu donc. Mille choses affectueuses à doña Inez, et merci de ta bonne amitié pour ton homonyme.

Bien à toi,

THÉOPHILE GAUTIER.

XXXII

La dernière lettre que je publierai peut donner une idée des égards qu'on avait pour un écrivain de génie au *Moniteur* de 1859.

Saint-Pétersbourg, 18 mars 1859.

Mon cher Ernest,

Je dois te paraître un singulier pistolet ; mais un mot va tout t'expliquer. Je n'ai pas reçu ta lettre du 14 février contenant les détails que je t'avais demandés. Je n'ai pu, par conséquent, y répondre. Je vais arriver, apportant le reste de la copie, et tout s'arrangera. Quant au payement, nous avons un crédit ouvert à Paris sur un banquier en relation avec Saint-Pétersbourg, et la facture sera payée comptant dès que je saurai le prix. Apaise le *Moniteur*, qui paraît me croire à Pantin, dans la banlieue, et non sous le 60° degré de latitude ; je serai à Paris dimanche soir ; lundi je me présenterai au *Moniteur;* il faut remplir, avant de quitter la Russie, des formalités indispensables : publier trois fois son départ dans les journaux, pour que vos créanciers, si vous en avez, réclament ; faire changer votre passe-port français contre un passe-port russe, et adresser à cet effet une supplique à qui de droit.

Tout cela exige un temps physique et moral ; ensuite il faut avoir une place à la poste, qu'on attend quelquefois six semaines en s'inscrivant d'avance, car il n'y a que quatre places par jour ; j'ai obvié à cet inconvénient en prenant de moitié avec un compagnon de voyage, également pressé de partir, une kibitka, espèce de panier à salade posé sur des patins, auquel on accroche quatre ou cinq chevaux. Nous serons là emmaillottés de pelisses, couchés sur du foin comme des veaux, pendant quatre nuits et trois jours, par huit ou dix degrés de froid, et la voiture est ouverte ! Juge s'il faut avoir envie d'arriver !

L'autre semaine, il y avait neuf pieds de neige à certains endroits du chemin, amoncelés par une tempête, et les voyageurs ont été obligés de rebrousser chemin. La route est à peu près possible maintenant pour ceux qui sont décidés à tout. Dis bien au *Moniteur* que, pour obéir à ses ordres et gagner quelques jours, je risque littéralement ma vie, et je ne suis certes pas un voyageur douillet ; il le sait. — Ce voyage serait impossible sans mon compagnon, qui parle le russe parfaitement, et sans un ordre particulier nous autorisant à exiger des chevaux et même faire dételer les autres voitures si les bidets manquent. Le 27 mars au soir je serai donc à Paris. C'est sept jours de plus que le terme de rigueur ; mais, à moins d'employer le télégraphe électrique, qui ne transporte encore que les pensées et non les corps, il est mathématiquement impraticable d'être rendu plus tôt, même en ayant recours, comme je le fais, aux moyens désespérés et périlleux. Une semaine de plus ou de moins, ce n'est pas la mort d'un homme. J'arriverai à temps pour l'Exposition, et quand je serai moins occupé à empêcher la congélation de mon nez, je produirai des masses de copie.

Je suis très-satisfait du changement de l'*Artiste*, et cette combinaison m'évitera d'en chercher une pour me retirer de ce papier, où mes occupations futures ne m'auraient plus permis d'écrire. Quel bonheur j'éprouverai à te revoir, cher colonel des métaphores, à t'entendre déclamer, selon le ton et le rhythme Flaubert, des phrases horripilantes pour la bourgeoisie ! La nostalgie commence à m'empoigner, et, quoique je sois ici très-accueilli, je sens que je tomberais malade en y restant plus longtemps ; je ne serais pas impérieusement rappelé, que je reviendrais tout de même. Mon séjour prolongé à Saint-Pétersbourg a une excuse : il s'y est vendu quatorze mille exemplaires de *Fanny*. Tu vois donc que les Russes sont pleins d'intelligence ; ils ne demandent qu'à se déformer le cœur et l'esprit. Mais je commence à penser trop souvent aux contraltos, aux monstres verts et jaunes[1], aux chats et aux rats blancs, et

---

[1] C'est ainsi qu'il appelait ses enfants.

aussi à l'omnibus de Neuilly, véhicule plein de charme. J'ai même presque envie de voir un vaudeville, grand signe d'affaiblissement et de crétinisme. Adieu et merci pour toutes les peines que je t'ai données. J'espère, puisque tu ne me parles plus de sa maladie, que madame Inez est tout à fait bien, et que je la retrouverai en santé et en beauté. En attendant, pose mes expressions à ses pieds, si elle en a, selon la phrase espagnole.

Tout à toi *eximo corde*.

THÉOPHILE GAUTIER.

XXXIII

Le dimanche 27 mars, vers six heures du soir, nous étions réunis autour de la table de *la Présidente,* à l'exception de Gautier, qui n'avait pas encore quitté la Russie. Comme nous avalions les premières cuillerées du potage, — et je me souviens parfaitement que c'était un excellent consommé au macaroni, saupoudré de parmesan, — la sonnette de la porte tinta faiblement, et nous nous regardâmes tous avec surprise, car nous n'attendions plus personne. Au bout de quelques secondes, la porte ayant été ouverte, un homme entra sans bruit dans la salle à manger, et c'était un singulier homme. Il portait un bonnet fourré qui lui descendait jusque sur les yeux, des bottes fourrées, une longue pelisse fourrée, et il se tenait immobile et silencieux devant nous, les deux mains croisées dans ses manches. C'était Théo. Il venait d'arriver à Paris, et avec la parfaite intelligence qui le distinguait de la plupart des autres hommes, il était immédiatement accouru dans le logis où il était certain de rencontrer tous ses amis. Sa présence, je dois le dire, n'étonna personne d'entre nous. Sans nous le confier les uns aux autres, nous étions tous absolument convaincus que sa première visite serait pour nous. Je ne crois pas avoir besoin de dire qu'il fut reçu avec tous les égards qui lui étaient dus. Notre plaisir de le revoir était si vif, que, lorsque nous quittâmes tous ensemble la maison hospitalière de *la Présidente*, vers minuit, nous nous mîmes à pousser dans la rue des hurlements de joie qui réveillèrent tout le quartier.

Ce fut pendant longtemps un sujet d'étonnement pour moi que l'engouement sincère de Gautier pour la Russie. J'avais toujours vu en lui, selon ses propres expressions, « un fils du soleil »; il détestait le froid, la pluie, l'ombre, les nuages; les feuillages eux-mêmes qui obscurcissent la lumière lui étaient odieux; plus de cent fois je lui avais entendu dire que les seuls paysages qui pouvaient lui plaire étaient ceux où aucune végétation ne venait cacher la couleur du sol, où brillait, de ses fauves harmonies, sous les feux du jour, « la peau de la planète ». Tout cela ne ressemblait guère aux champs de neige, aux dômes d'étain des villes russes, se découpant avec sécheresse sur un ciel du bleu le plus cru, devant lesquels il se pâmait. Je n'hésitai pas à lui demander quelle pouvait être la cause de cette anomalie apparente dans ses goûts, et il me répondit avec la bonne foi et l'abandon qui le caractérisaient.

— Le froid, me dit-il, est très-peu gênant en Russie, même au grand air, et pour les méridionaux. Quand on est, comme les natifs, enveloppé de fourrures de la tête aux pieds, on le sent à peine. Et puis, ce froid, chose admirable, sauf pendant le dégel, n'est jamais humide ni laid. Le ciel ne revêt pas la rebutante couleur d'un torchon sale que nous lui voyons trop souvent chez nous. Il est invariablement d'un fort beau bleu, illuminé pendant la nuit de larges et brillantes étoiles; durant le jour, le soleil un peu rouge, il est vrai, mais lumineux et non sans chaleur, l'éclaire le plus agréablement du monde. Sauf les larmes qui vous viennent aux angles des yeux et le bout du nez qui vous pique, lorsqu'on est à l'abri du vent, rien ne vous rappelle d'une façon malséante le voisinage du pôle. Pour tout dire en un mot, les regards sont contents. Les seules différences plastiques qu'il y ait entre le paysage qu'on a sous les yeux et ceux de l'Égypte ou de la Libye, consistent dans la neige substituée au sable, et dans la forme des monuments.

XXXIV

Les voyages avaient toujours été la grande passion de Gautier, et s'il en avait eu le temps et les moyens, je suis certain qu'il aurait voulu parcourir en entier, pour se donner le plaisir de la décrire, toute la terre. Ni les distances, ni les fatigues, ni la mauvaise nourriture, ni l'incommodité des moyens de locomotion, ni les affreuses maladies spéciales à certaines contrées, ni les dangers prévus, ni la dépense ne le rebutaient. Lorsque l'expédition de Chine eut été décidée en principe, il vint un jour chez moi avec l'air soucieux.

— Comme les hommes sont bêtes! me dit-il. Il se présente une occasion unique, inespérée, de faire connaître au monde le pays le plus étrange, le plus merveilleux, et jusqu'ici le plus fermé aux investigations des voyageurs. Le peu, l'infiniment peu que nous connaissons sur lui par les récits des missionnaires est absurde. Nous allons y aller, y dépenser beaucoup d'argent, y faire probablement beaucoup de mal, sous prétexte de civilisation, comme toujours, et y répandre beaucoup de sang. Le plus simple bon sens voulait qu'on profitât de cette occasion, dans l'intérêt de l'histoire, de la science et de l'art; qu'on organisât quelque chose dans le genre de la commission d'Égypte, instituée par le général Bonaparte. On aurait même pu faire mieux. Eh bien! tu vas voir. Imbu de cette idée que la guerre est une simple monstruosité toutes les fois qu'elle ne produit pas un progrès, une amélioration, une élévation quelconque dans les connaissances humaines, je suis allé trouver le ministre qui a la haute main sur le *Moniteur*, et je lui ai demandé de vouloir bien m'attacher à l'expédition de Chine en qualité d'historiographe.

Mes prétentions, lui dis-je, sont des plus modestes. Elles se bornent à être défrayé de tout et ramené en France comme le dernier des soldats. Eh bien, mon cher, si j'avais demandé cent mille francs de rente et le poste d'ambassadeur pour mes peines, je crois que je n'aurais pas été plus mal reçu. Tu ne peux pas te faire une idée des difficultés de toute sorte qui accueillirent ma proposition. Il semblerait que cette chose si simple, envoyer l'un des rédacteurs du journal officiel à la suite de l'expédition de Chine pour décrire le pays, ses habitants, ses mœurs, ses paysages, ses monuments, soit une action énormément absurde, capable de compromettre le succès de ladite expédition. Le *Times* a trouvé le moyen de faire admettre l'un de ses correspondants dans l'armée anglaise; la France, à ce qu'il paraît, n'est ni assez riche, ni assez puissante, ni assez intelligente, pour faire comme le *Times*. Quel livre j'aurais rapporté de là-bas, cependant! reprit Gautier avec désespoir. Nous n'aurons, à la place, que des rapports d'état-major. Il faut avouer que les hommes sont bêtes!

— Je t'assure, lui dis-je, que je n'en ai jamais douté.

A la suite de cette conversation, voyant Gautier si malheureux de son insuccès, je fis quelques démarches auprès des maréchaux Randon et Pélissier, qui voulaient bien m'honorer de leur amitié, dans le but d'obtenir que le grand descripteur fût mis à même de révéler la Chine au monde civilisé. J'eus le chagrin de voir que je n'étais même pas compris.

XXXV

Un jour où nous causions, Gautier et moi, de cette belle affaire manquée, et où nous déplorions tous deux la difficulté qu'il y a pour les artistes à entreprendre de grandes œuvres, il ramassa par terre, à l'aide d'une paire de pincettes, un journal qui gisait sous un siége. C'était un de ces journaux de création moderne, qui ne vivent que de *racontars* et d'*informations*.

— Pourquoi nous désoler tous deux? me dit-il. Le public ne mérite certainement pas de posséder les beaux livres que nous regrettons de ne pouvoir lui faire. Pourvu qu'on lui raconte, même pas l'anecdote scandaleuse qui demain va courir la ville, mais la composition du dîner de tel personnage connu, et qu'on lui décrive la toilette que telle princesse ou telle *cocotte* en renom portait à la première représentation d'une méchante pièce des Bouffes-Parisiens ou du Gymnase, il ne demande pas autre chose, il est content; c'est là la littérature qu'il aime. On la lui sert, et c'est bien fait.

Qu'aurait-il dit aujourd'hui, s'il avait vécu, où le public se délecte à lire la prose en style télégraphique d'un monsieur affublé d'un nom de cheval, qui n'écrit guère mieux qu'un âne! Les morts ne connaissent pas leur bonheur.

Cependant, en dépit de son découragement très-réel, le goût des belles choses le reprenait de temps à autre. Le feuilleton dramatique lui était devenu absolument insupportable; la critique des *Salons* l'intéressait encore; mais ce qu'il aurait voulu faire, c'étaient des récits de voyages, des romans, surtout des vers. Personne ne lui en demandait. Enfin, après son retour de Russie, M. Charpentier, son éditeur, eut la bonne pensée de le prier d'écrire pour la *Revue nationale,* dont il était propriétaire, un roman dont Gautier avait déjà plus ou moins parlé à chacun de ses amis, qui était l'un des projets les plus amoureusement caressés de sa jeunesse, et qui, comme la plupart des projets que nous formons tous ici-bas, n'avait jamais pu être réalisé.

Le *Capitaine Fracasse* datait dans le cerveau de Gautier, ainsi qu'il en convient dans la préface, des premiers jours du romantisme. Lui qui, de sa vie, n'écrivit jamais le moindre plan de ses livres, conserva donc dans sa pensée, à travers les travaux, les voyages, les préoccupations habituelles de l'existence, l'idée de celui-là pendant près de trente ans. Ce fait particulier, qui aurait bien pu nuire à l'œuvre, ne fit au contraire que la fortifier, l'auteur ne s'étant mis à l'écrire que lorsqu'il la sentit arrivée en lui à parfaite maturité. Je ne connaissais du *Capitaine Fracasse* que le scénario qu'il avait bien voulu me raconter.

Un jour, en arrivant chez lui, je le trouvai assis devant une grande table qui était littéralement couverte de petits morceaux de papier illustrés de caractères en forme de pieds de mouche. Les manches de sa chemise étaient enroulées jusqu'aux coudes, et il avait un air appliqué que je ne lui avais jamais vu.

— Que de *copie*, ô Théo! lui dis-je.

Que fais-tu donc? On dirait que cela t'amuse.

— J'écris le *Capitaine Fracasse*. Et cela m'amuse, en effet.

Moi qui savais, comme tous ses amis, combien les tortures du feuilleton lui avaient fait prendre la *copie* en horreur, je n'en pouvais croire mes oreilles.

— Écoute, reprit-il, je vais te lire une chose qui est l'expression exacte de l'état de mon âme.

Et, râflant sur sa table toutes les feuilles éparses, il les classa par ordre, puis il se mit à me lire le premier chapitre du roman, qui est intitulé, comme on le sait, *Le Château de la misère*.

J'étais émerveillé, et consterné.

— Si c'est là l'expression de l'état de ton âme, lui dis-je, tu ne me sembles pas rempli de jovialité.

— Attends! fit-il.

Et il me lut immédiatement un autre chapitre, celui qui est intitulé : *Effet de neige,* et dans lequel, avec la science de description qui appartenait à lui seul et qui n'excluait pas le sentiment le plus délicat et le plus touchant, il raconte l'ensevelissement d'un pauvre comédien nomade par une tourmente de vent et de neige, dans une voirie de village.

J'étais littéralement transporté par la beauté de ces deux chapitres, et me sentant prêt à pleurer :

— Pourquoi donc, ô Théo! lui dis-je, es-tu si triste?

— Parce que, me répondit-il en baissant la tête, parce que... je vis.

XXXVI

Le *Capitaine Fracasse* est, selon moi, l'une des œuvres supérieures de Théophile Gautier. N'aurait-il fait que cela et *Mademoiselle de Maupin,* il pourrait reposer tranquille dans la tombe, étant sûr d'être lu tant que subsistera la langue française. « On ne trouvera dans ce livre, dit-il dans l'avant-propos, aucune thèse politique, morale ou religieuse. Nul grand problème ne s'y débat. On n'y plaide pour personne. L'auteur n'y exprime jamais son opinion. C'est une œuvre purement plastique, objective, comme diraient les Allemands[1]. »

[1] On m'a dit qu'il existait une édition du *Capitaine Fracasse* illustrée par Gustave Doré. Je n'en parlerai pas, ne l'ayant jamais rencontrée.

C'est précisément pour ces causes, dirai-je à mon tour, que c'est un chef-d'œuvre.

L'auteur, en l'écrivant, n'a obéi à aucune autre considération que celle de faire une œuvre d'art. N'ayant pas cette fois à compter, comme il était obligé de le faire à l'occasion de ses feuilletons dramatiques, avec les goûts et les idées d'un directeur jouant auprès de lui le rôle de pion, maître absolu de son sujet, jouissant de l'entière liberté de le développer selon le sens qui lui convient, aucune préoccupation étrangère à l'art ne le gêne; aussi, pour la première fois depuis *Mademoiselle de Maupin,* la copie, loin de lui être une fatigue, est devenue pour lui un plaisir; il lâche la bride à son imagination si riche, si fertile, et pendant qu'il ne pense, tout simplement, qu'à créer une sorte de restitution de la bohème cabotine au temps de

Louis XIII, il fait un livre impérissable, qui a toutes les qualités des grands livres : philosophie, style, intérêt, gaieté; un livre plein de charme, d'un sentiment délicat et tendre, à la fois voluptueux et chaste, d'un amusement presque sans pareil, et qui sera placé par tous les véritables lettrés bien au-dessus du *Roman comique,* tout juste auprès de l'inimitable *Don Quichotte,* dont il semble, par places, un heureux reflet.

Le *Capitaine Fracasse* marque une brillante étape dans l'existence de Théophile Gautier. On peut juger, en le lisant, combien d'œuvres charmantes, profondes, élevées — dans le sens le plus littéraire du mot — le poëte romantique aurait pu faire, si, au lieu de rencontrer dans le journalisme une direction tracassière et inintelligente, ses maîtres, — ses tyrans, — avaient eu l'esprit de lui laisser la bride sur le cou,

On se targue beaucoup en France d'encourager les arts et les beaux-arts. Il n'est pas de gouvernement qui ne se congratule lui-même, et bien haut, à l'occasion des prétendus services qu'il rend aux écrivains et aux artistes. C'est la plus abominable hâblerie qui ait jamais été débitée sous le ciel. Quand ils sont pauvres, malheureux, malades, on les laisse tendre la mains et c'est à peine si l'on y met, de temps à autre, une obole suffisante pour les empêcher de crever de faim pendant quelques jours; quand ils sont en pleine séve, en pleine santé, on n'a jamais l'intelligence de leur demander les travaux qu'ils sauraient le mieux faire, qu'ils aimeraient à faire; on les condamne invariablement à quelque labeur ingrat et dur qui les fatigue, les énerve, émousse leur talent, et ne leur donne même pas de quoi mal vivre.

XXXVII

Il faut véritablement que la France soit douée d'un bien joli tempérament pour continuer, comme elle le fait, à enfanter chaque jour, malgré les gens en place, de nouveaux artistes. Gautier, ayant la tête pleine d'œuvres lumineuses, sereines, qui ne demandaient qu'à en sortir, et condamné aux ravalants supplices du feuilleton dramatique, me faisait l'effet d'un cheval de sang attelé à quelque pesante charrette remplie de moellons, et incessamment condamné, sous le tourbillon de coups de fouet que lui aurait appliqué un charretier imbécile, à gravir une pente glissante et sans fin. Je le lui disais quelquefois ; il en souriait tristement.

— Il en serait de même, répondait-il, si j'étais *attaché* à n'importe quel autre journal, et sous l'oppression de n'importe quel autre gouvernement. Ce ne sont pas les hommes pris isolément qui sont tyranniques et stupides ; c'est l'humanité tout entière qui a horreur du Beau et du Bien ; l'humanité est imbécile. Nulle part elle ne sait utiliser les richesses qu'elle a sous la main.

Sa désespérance profonde se manifestait habituellement par des plaintes dépourvues de fiel et d'aigreur. Si on l'interrogeait sur sa tristesse habituelle, il ne manquait jamais de répondre :

— Trop de *copie* dans mon existence !
Ou bien :
— Trop de livres rentrés dans ma vie !

Un beau jour, le dégoût de Paris le saisit; il y était trop dérangé, le peu de temps dont il pouvait disposer lui était ravi par les gens du monde, flâneurs, curieux, qui, n'ayant rien à faire et n'étant point obligés de travailler pour vivre, ne comprennent pas qu'il n'en soit point de même de tous les gens qu'ils honorent de leur amitié. Il se sauva à Saint-James, sur la frontière du bois de Boulogne, dans une petite maison pourvue d'un jardin.

— Là, disait-il, il n'y aura que mes véritables amis qui viendront me voir.

L'amour qu'il avait toujours eu pour les animaux — il les considérait avec raison comme des amis d'un ordre secondaire, leur accordait « une âme inférieure à l'âme des hommes, mais capable d'intelligence et de sentiment », et il les entourait de soins touchants — se développa rapidement à la campagne.

Il eut un chien, un chat, une nombreuse famille de rats blancs qui grouillait dans une cage à perroquet.

— Qu'est-ce que tu as besoin de toutes ces bêtes? lui dis-je un jour.

— Elles me consolent du commerce des hommes, me répondit-il.

Un autre jour, je le trouvai occupé à examiner attentivement une goutte d'eau au microscope.

Il savait que je me livrais depuis longtemps à des études de paléontologie *sur le vif;* que je butinais des fossiles dans les falaises de la Manche; je lui avais montré ma collection, qui était curieuse et nouvelle pour lui; il encourageait mes travaux, les enviait.

— L'étude de la nature, me disait-il,

est la plus agréable distraction, après celle de l'art, que j'aie rencontrée dans toute ma vie. Toi qui es presbyte, et vois nécessairement tout en grand, tu devais t'intéresser aux modes de formation des mondes, aux cataclysmes qui accompagnent invariablement ces formations; moi qui suis myope, j'étais prédestiné à l'étude des infiniment petits. Je t'assure que cette étude ne présente pas moins d'intérêt que celle des sphères célestes.

Gautier était panthéiste. Il ne s'en cachait pas. Un jour je lui disais que ses contemporains, s'ils étaient justes, devraient lui décerner le surnom de Goethe français. Et le fait est que par la nature de ses œuvres, par le caractère spécial de son génie, par son admiration de l'antiquité, il avait mille points de contact avec le poëte allemand. Mon observation le fit sourire.

— Hélas! dit-il, il m'a toujours manqué au moins une chose pour ressembler complétement à Gœthe.

— Quoi donc?

— Le duc de Weimar.

XXXVIII

Il est certain pour moi qu'il espérait vivre plus longtemps, qu'il s'était, de longue main, préparé par la pensée à une vieillesse studieuse, indépendante, honorée. Il eût aimé à exercer sur la génération nouvelle l'influence légitime à laquelle ses travaux, son goût, tous ses antécédents lui donnaient droit. Et puisque j'en suis sur ce point, je reviendrai en peu de mots sur ce que j'ai déjà dit de Gautier critique dramatique. On sait qu'il n'avait accepté cette fonction que contraint et forcé, à son corps défendant, pour se faire des revenus fixes, bien maigres. On sait aussi qu'il n'y jouissait d'aucune liberté. Malgré tous les motifs qu'il avait pour ne pas faire sa besogne en conscience vis-à-vis du public, ses articles ne sont pas moins des modèles de bon sens, de savoir, de goût, de talent.

La critique d'un artiste aussi foncièrement original que l'était Gautier ne peut être, si elle est sincère, que très-exclusive et intolérante. Obligé de donner son opinion sur toute chose, sur les œuvres les moins littéraires comme sur celles avec lesquelles il sympathise le mieux, *de tremper le doigt dans toutes les sauces,* dit Sainte-Beuve, peu à peu il est obligé de faire au public, à son journal, à lui-même, toute sorte de concessions. Chaque semaine, régulièrement, qu'il y ait peu ou prou de matière, il faut faire son feuilleton, juger, c'est-à-dire louer et blâmer, même quand les choses ne sont pas dignes d'attirer l'attention du critique; et, par-dessus toute chose, il faut intéresser ses lecteurs, leur servir chaque fois un « morceau de littérature » où se trouvent invariablement les mêmes qualités : style, connaissance du théâtre, gaieté, esprit.

De tout cela, il est vrai, il ne doit pas rester grand'chose : le lecteur lit d'un air distrait ces pages, qui sont des modèles de sens et de bon langage; la minute d'après, il les oublie. Gautier n'en fait pas moins en toute honnêteté son dur métier de critique. Il côtoie les écueils, contourne les caps, se joue de tous les dangers de la mer capricieuse où roule son esquif; s'il juge un vaudeville, une opérette, ou un opéra-comique, — genres haïssables pour un artiste, il trouve le moyen de poser, dans son jugement, les véritables prin-

13.

cipes de l'art; d'exprimer toute sa pensée en la gazant, aux endroits périlleux, sous les artifices du style; il se tire des difficultés toujours renaissantes sans sacrifier ses idées, ses goûts. Et c'est ainsi que, à force de patience, de résignation et de talent, il se sert des obstacles mêmes pour affirmer ses convictions les plus osées, faisant le procès à la tragédie, en louant Rachel qui la ressuscite, criblant l'école dite « du bon sens », en ménageant Ponsard qui l'invente; allant jusqu'à louer Béranger en foulant sous ses pieds la gaudriole et la chanson; et exposant, enfin, sur la tombe de Fiorentino qui n'avait pas son talent ni son honnêteté, tous les mécomptes et les déboires du métier de feuilletoniste.

L'année 1869 fut pour nous une année terrible. Jusqu'alors, à quelques contrariétés près, nous n'avions connu de l'existence que les bons jours; les mauvais allaient se lever pour nous. Ce fut moi qui ouvris la marche en recevant tout en plein sur la tête le coup le plus épouvantable qui puisse arracher à moitié de son enveloppe charnelle l'âme d'un homme. J'eus la mauvaise chance — dont je rougis et je souffre encore — de résister à cet assaut, qui aurait emporté tout autre moins calamiteux que moi. Sainte-Beuve, peu de mois plus tard, eut une infortune à peu près pareille; mais comme il était homme de beaucoup d'esprit, il y resta. Après Sainte-Beuve ce fut Bouilhet, puis Jules de Goncourt, ces deux derniers trop jeunes, hélas! Ils n'en tentèrent pas moins la Parque. Peut-être s'ennuyait-elle, après tout, à ne couper que les fils des existences les plus vulgaires! Il est certain que, en cette année maudite, elle se donna le luxe d'envoyer à Caron des hommes de choix. Je ne revis Gautier que longtemps plus tard, et le trouvai tout consterné des vides qui s'étaient faits dans nos rangs. Nous n'étions pas déjà si nombreux! Il me félicita d'être à peu près resté sur mes deux pieds, et, la circonstance prêtant à philosopher quelque peu, il mit, dès le début, la conversation sur le sujet qui nous préoccupait tous deux.

— A quoi bon vivre! me dit-il, à quoi bon travailler, s'exténuer le tempérament, devenir un homme supérieur, amasser des trésors de science et d'expérience? Un jour, sans avoir été prévenu, on est arrêté en pleine course, en recevant un grand coup de faux à travers le ventre, et tout votre talent, laborieusement acquis, ne vous sert plus qu'à engraisser les racines d'une touffe d'herbe. Ma parole d'honneur, c'est dégoûtant !

Je lui demandai s'il croyait à l'immortalité de l'âme, à une seconde vie. Il me répondit qu'il n'en avait jamais douté.

— Alors, lui dis-je, il y a pour toi une consolation, une espérance.

— Malheureusement, reprit-il, dans ma pensée, la seconde vie est pire que celle-ci.

XXXIX

Après cela, nous parlâmes de la triste destinée de l'homme, et, comme je le voyais profondément découragé :

— Les rochers de granit qui sont plantés au bord de la mer, lui dis-je, s'effritent et se délitent chaque jour, sous les coups répétés des vagues. Ce sont eux qui, réduits en poudre, forment le sable presque impalpable que nous foulons sous nos pieds, sur les rivages de la mer. Tout se détériore, se détruit, s'abîme du haut en bas de l'univers. La nature ne semble créer aucun être et aucun objet que pour prendre le stupide plaisir de l'anéantir.

Les sphères célestes elles-mêmes ont un commencement et une fin. Comment veut-on, après cela, que l'homme, cette créature formée de brins de fil, d'un peu de chaux et de quelques autres ingrédients aussi fragiles, puisse résister à l'effort du temps?

— Le granit n'a pas de nerfs, de cœur, ni de cerveau, me répondit-il. Il ne se voit pas se détruire. Le granit ne peut pas souffrir. Tu n'as pas songé à cela.

XL

Je ne sais si Gautier ressentait déjà les premières atteintes de la maladie qui devait l'emporter trois années plus tard, mais il ne cessait de me ramener sur le même sujet.

— Penses-tu te faire une idée juste de la mort? me demanda-t-il.

— Je le crois d'autant plus que je viens de passer quelques mois pendant lesquels mon existence n'a littéralement tenu qu'à un fil. Et j'ai naturellement profité de la circonstance pour explorer les confins de « l'empire des Ombres ».

— Raconte-moi ton exploration, reprit-il. Cela me distraira.

— Je crois, lui dis-je en souriant involontairement, que nous nous faisons tous de très-fausses idées sur la mort; et la cause en est simple : aucun auteur, ni philosophe, ni physiologiste, n'a jamais eu l'idée de porter ses investigations de ce côté pour les publier. Nous nous figurons volontiers que nous assistons à notre propre mort, que nous nous sentons mourir. C'est une erreur. La chose doit se faire sans que nous nous en doutions, ainsi que s'est opérée notre naissance. Qu'il y ait ou non agonie, que cette agonie soit supportable ou cruelle, il est évident pour moi que nous ignorons absolument ce qui se passe en nous en cet instant suprême. Nous nous sentons malade, très-malade; nous souffrons, voilà tout. La seconde où nous nous anéantissons nous échappe. Une métamorphose dont nous n'avons pas conscience se fait en nous. Nous ne nous en doutons pas plus que la chrysalide ne sait qu'elle est en train de devenir papillon. En un clin d'œil, toute sensibilité étant subitement abolie en nous, et nécessairement aussi toute réflexion, toute faculté d'examen, nous passons de l'état de créature à l'état de chose. En un mot, d'homme que nous étions, nous sommes instantanément, sans le savoir et sans le sentir, puisque notre cerveau ne peut plus fonctionner, métamorphosé en morceau d'argile. Ce n'est donc pas la mort qui fait souffrir, mais seulement l'appréhension de la mort. Nous nous sentons gravement malade; notre médecin nous cache le danger de notre situation, par humanité, mais il nous est facile de nous en rendre compte en examinant le visage et les manières des personnes qui nous entourent. L'idée d'un danger prochain, terrible, naît immédiatement dans notre esprit. Nous regrettons la vie par avance, ou du moins le peu qu'il y a de bon dans la vie. La seule chose qui nous soutienne, nous aide à traverser cet étroit passage, c'est l'espérance de revivre.

Ici Théo m'interrompit.

— Comment! tu n'en as pas encore assez? s'écria-t-il. Quoi! depuis près de cinquante ans que tu es au monde, tu n'es pas encore fatigué d'assister perpétuellement au spectacle de l'imbécillité triomphante, de l'éternel succès des médiocres et des méchants, de l'impossibilité où nous sommes de faire le bien?

Il me regardait avec une sorte d'admiration.

— Revivre autre part! reprit-il, dans un monde différent, sur une autre planète..... peut-être!.... mais ici! sur cette terre infâme où tout ce qui est beau est conspué, où les bons sont tous torturés, où l'intelligence est et sera toujours dévorée par la sottise!.... Tu m'en donnes envie de vomir!

XLI

Il avait une qualité extrêmement rare chez les artistes et les gens de lettres, ne s'offensant jamais de la critique qu'on faisait devant lui de ses œuvres, pourvu que cette critique fût juste et faite en termes convenables.

Je me rappelle, entre autres, à cet égard, une anecdote qui montrera comme il avait le caractère bien fait.

Nous regardions ensemble, chez lui, une lithographie du célèbre tableau d'Eugène Delacroix, que tout le monde peut admirer au Musée du Luxembourg et qui est connu sous le nom de : *les Femmes d'Alger.*

Tout en m'extasiant sur la beauté de la reproduction et sur les merveilleuses qualités de l'original que nous connaissions tous les deux, je ne pouvais m'empêcher de faire la grimace.

— Qu'est-ce que tu as? me demanda-t-il.

— Il y a dans ce tableau une faute de couleur locale qui me choque, répondis-je.

— Quoi donc?

— Sur quatre femmes, y compris la servante, qui sont représentées dans cet intérieur mauresque, il n'y en a qu'une seule qui ait les pieds nus. Tu connais Alger comme moi. Tu sais que jamais une Mauresque ne pénètre chaussée dans une chambre. Elle laisse invariablement ses chaussures à la porte.

— Ton observation est juste; mais Delacroix, en commettant ce petit mensonge, a sans doute obéi à quelque principe d'art ou à quelque considération artistique qui l'excuse.

— Il n'y a pas d'excuse pour le mensonge.

— Ce mensonge est léger.

— N'importe !

— Tu es un affreux réaliste.

Je fis semblant d'être piqué.

— Soit dit sans t'offenser, tu ne ferais pas mal de l'être un peu aussi de temps à autre, lui répondis-je. Cela t'éviterait l'humiliation de tomber en des fautes plus graves que celle de Delacroix.

— Explique-toi. Que veux-tu dire ?

— Tu ne te fâcheras pas ?

— Jamais !

— Donne moi le second volume du *Capitaine Fracasse*.

— Le voici.

J'ouvris le volume à la page **280**, et je lus à haute voix :

« **Aidé de son élève, le chirurgien défit le pourpoint de Vallombreuse**, déchira la chemise et découvrit une poitrine aussi blanche que l'ivoire, où se dessinait une plaie étroite et triangulaire, emperlée de quelques gouttes de sang. La plaie avait peu saigné. L'épanchement s'était fait en dedans; le suppôt d'Esculape débrida les lèvres de la blessure et la sonda... »

Je m'interrompis.

— Qu'est-ce qui te choque dans ce passage? me demanda Gautier.

— Peu de chose, lui répondis-je. Ton médecin achève de tuer son malade au lieu de le soigner. Voilà tout.

— Explique-toi.

— Ni toi ni moi, repris-je, ne sommes tenus de parler médecine aussi congrûment que des apothicaires. Mais le public a le droit d'attendre de nous que nous prenions la peine d'étudier les choses dont nous voulons lui parler. Or, ici, il n'y a même pas besoin de connaissances spéciales, il suffit d'un peu de bon sens pour découvrir que ton médecin est tout simplement impossible. Si le blessé dont il est question, au lieu d'un coup d'épée, avait reçu une balle dans la poitrine, on comprendrait que le médecin sondât la plaie, qu'il la débridât même : il s'agirait alors pour lui de savoir à quelle place exacte se trouve un corps étranger qu'il est indispensable d'extraire pour préserver la vie du blessé. Ce blessé ayant reçu un coup d'épée, ayant à la poitrine une plaie qu'il est indispensable de fermer, après avoir attiré au dehors le sang épanché à l'intérieur, on se demande à quoi servent son sondage et son débridement, si ce n'est à l'assassiner.

Sur dix de mes confrères, pris au hasard, à qui je me serais permis de faire une critique semblable, je suis certain qu'il y en aurait eu au moins cinq qui se seraient brouillés avec moi ; quatre autres auraient pris des pseudonymes pour me déshonorer dans les journaux, le dernier aurait essayé de m'empoisonner. Gautier m'avait écouté avec la plus grande attention. Lorsqu'il vit que je me taisais, il ne put s'empêcher de sourire.

— Ton observation est très-judicieuse, me dit-il, et je ne regrette qu'une chose, c'est qu'elle soit faite un peu trop tard pour que j'en puisse profiter.

Puis, me serrant fortement la main :

— Je te remercie, reprit-il.

XLII

Ainsi qu'on peut le voir, je m'exerce surtout, dans ces *Souvenirs intimes,* à restituer à mon ami sa physionomie véritable. Chacun de nous a sa légende, légende toute faite, légende bête, qui est exactement le contre-pied de la vérité. Je rencontre encore parfois aujourd'hui des gens naïfs qui, partant de ce fait que Gavarni a crayonné un très-grand nombre de Clodoches et de Chicards, me soutiennent effrontément que le grand dessinateur se rendait, pendant le carnaval, chaque samedi au bal de l'Opéra, coiffé d'un casque de pompier au plumet gigantesque, avec des bottes de cent-garde, des gants de maître d'armes, un faux nez, et qu'il ne dédaignait pas de s'y livrer au cancan le plus échevelé. Je ne puis garder mon sang-froid devant de pareilles sottises.

Gavarni, que je n'ai pas perdu de vue un seul jour pendant plus de vingt ans, ne peignit les Chicards que par exception ; son véritable talent n'était pas là, non plus que ses goûts, ni son idéal. Il fut spécialement le peintre des élégances, de la grâce, de la distinction et de la fashion. Jamais, au grand jamais, il ne se présenta au bal de l'Opéra qu'en habit noir et en cravate blanche, comme le font invariablement les gens comme il faut. Les deux seuls travestissements qu'il porta dans toute sa vie, et ce ne fut jamais que dans les bals costumés de la meilleure société, furent invariablement ceux de muletier valencien et de patron de bateau. Ce dernier avait été composé par lui, et il était d'une élégance sans pareille. Gavarni eut toujours la gravité d'un philosophe, et c'est à peine si cette gravité était tempérée par le sourire des railleurs. Vouloir faire de lui un Chicard est aussi imbécile que de se figurer qu'un communiste est un homme de progrès et de liberté.

XLIII

Il en est exactement de même de Gautier. On le représente toujours comme un orgueilleux qui ne pouvait tolérer aucune critique. L'anecdote que je viens de raconter prouve surabondamment le contraire. Celle que je vais transcrire maintenant montrera que le poëte qu'on accusa si longtemps de vivre en bohème et d'être ce que les portières appellent « *un mange-tout,* » avait toutes les vertus familiales qu'on pourrait souhaiter aux « parfaits notaires ».

C'était habituellement vers les premiers jours de chaque mois que la petite scène dont je fus plusieurs fois témoin se reproduisait dans le logis du poëte. Il était allé à Paris dès le matin, il avait touché le prix de sa *copie* au bureau de son journal et chez son éditeur, et, aussitôt rentré chez lui, il s'empressait de vider ses poches sur sa table de travail.

Tous ses commensaux l'entouraient. Il s'asseyait, comptait sa monnaie, puis il la disposait par petites piles inégales, et alors, pendant que chacun se montrait attentif à sa démonstration, il touchait les piles d'or les unes après les autres, et il disait :

— Voici pour le loyer de la maison. Voici pour les dépenses de ménage. Ceci est pour les sœurs. Ceci pour les enfants. Et ceci pour Toto [1]. Ici est le montant de

---

[1] Son fils.

la note du tailleur. Voilà pour acquitter celle du cordonnier. Les impositions par ici. Là-bas le jardinier.

Un jour où cette nomenclature ne finissait pas, je ne pus m'empêcher de l'interrompre.

— Mais, mon pauvre Théo, lui dis-je, tu as songé à tout le monde, excepté à toi. Tu as tout distribué. Que te restera t-il maintenant?

Il me répondit doucement :

— Il me restera... a peine.

XLIV

On a souvent parlé de la méthode de travail de Gautier, mais en cela encore on n'a pas dit la vérité tout entière. Il est certain qu'il était doué de la qualité, si rare chez les gens de lettres, de formuler, au courant de la plume, sa pensée dans sa forme définitive. Cette pensée, en se modelant dans son cerveau, y apparaissait avec tous ses ornements, de sorte que le poëte n'était jamais obligé de la remanier, que ses manuscrits étaient invariablement sans ratures. Il était également doué de la faculté, non moins rare, de s'isoler complétement dans son travail. Dès l'instant qu'il avait la plume à la main, le monde extérieur n'existait plus pour lui.

Que de fois on l'a vu, écrivant son feuilleton sur l'angle d'une table d'imprimerie, sans se laisser distraire un seul instant par le ronflement des machines, les conversations des ouvriers, le va-et-vient perpétuel d'une foule de gens affairés qui ne paraissaient même pas se douter de sa présence! Et si quelque indiscret venait lui parler, se souciant peu de le déranger, il suspendait la phrase commencée à l'endroit même où l'on était venu rompre le fil de ses idées, le renouant plus tard quand le fâcheux s'était éloigné, sans le moindre tâtonnement ni le plus léger signe de mauvaise humeur. Il devait cette précieuse faculté à sa connaissance des moindres secrets de la langue française.

Il s'exerçait constamment à ne rien perdre de ces secrets en variant à l'infini, et comme en se jouant, la forme de ses phrases, de même qu'en augmentant le nombre des vocables dont il se servait le plus volontiers. Il disait que les écrivains du dix-huitième siècle avaient pu faire des chefs-d'œuvre en se servant uniquement des mille à douze cents mots les plus communs de notre langue; mais que ce n'était point une raison pour se priver des trente mille autres mots qui se trouvent dans le Dictionnaire et qui ont tous une incontestable utilité ! C'est à la connaissance approfondie et sans cesse exercée des moindres termes de ce Dictionnaire, dont il faisait sa lecture favorite, qu'il dut la singulière facilité de tout dire et de tout décrire.

Il est certain que pas un auteur avant lui ne sut tirer le même parti de la langue française. Son plus réel mérite est d'avoir su faire de cette langue académique, qui semble avoir été faite exprès pour les avocats, les hommes politiques et les savants, une langue imagée, riche en couleurs, se prêtant à toutes les nécessités de la peinture. Elle savait raconter avant lui; grâce à lui, elle peint; elle n'a plus rien à envier ni aux langues modernes ni aux langues mortes.

XLV

Il suffit de lire son dernier ouvrage, les *Tableaux du siége*, pour juger à quel point il avait su mettre de sentiment dans ses descriptions. Il y a dans ce volume, entre autres choses exquises, plusieurs chapitres sur les animaux, qui sont de purs chefs-d'œuvre de grâce, de bonté et de tendresse. S'appuyant sur quelques paradoxes qu'il avait eu le tort de débiter devant des gens secrètement hostiles, ses ennemis s'étaient plu à lui faire la réputation d'un homme insensible. La vérité, c'est qu'il avait horreur du commun en toute chose, aussi bien dans le sentiment que dans la plastique, et qu'il mettait une sorte de pudeur à ne pas dévoiler tout à plein ses sentiments, aimant mieux les faire deviner, à l'aide de certains artifices d'art qui lui étaient familiers.

Il n'était pas exempt de défauts. Il en avait un, entre autres, qui provenait d'une qualité, et n'en était pas moins horrible : c'était une indifférence véritablement coupable pour toutes les productions de sa plume. Une fois son feuilleton écrit, son livre publié, il se mettait à l'oublier de la meilleure foi du monde, et si bien qu'il paraissait tout interdit lorsqu'on s'avisait de lui en parler. Une foule de petits chefs-d'œuvre ont été ainsi dispersés par lui aux quatre vents du ciel. Je ne sais si personne aura jamais la bonne pensée de les recueillir pour les publier. Les *Salons*, spécialement, seraient intéressants à relire. Et que d'articles sur les livres d'art, sur la décoration des édifices publics! Je soumets cette idée aussi bien à ses héritiers qu'à son éditeur, M. Charpentier. On tirerait facilement une dizaine de volumes de tout ce qui se trouve dans les collections de la *Presse,* de l'*Artiste,* du *Moniteur,* du *Journal officiel,* de la *Gazette de Paris* et du *Bien public.*

Et dans ces dix volumes, je mets qui que ce soit au défi de relever un mauvais sentiment, une mauvaise pensée. Gautier n'était pas de l'étoffe de Sainte-Beuve, qui, en dépit de ses grandes qualités, s'amusait quelquefois à allonger un coup de griffe à l'un de ses meilleurs amis, puis à lui retourner les ongles dans la chair. Faire du mal n'eut jamais le moindre attrait pour lui. Il n'était même pas médisant, à l'encontre de quelques-uns de ses confrères. « Cela lui manquait », disait le même Sainte-Beuve, déjà nommé.

XLVI

Au commencement de l'année 1870, étant très-gravement malade, j'étais allé demeurer au parc des Princes, à côté d'Auteuil, et la largeur seule du bois de Boulogne me séparait de la maison de Gautier. Cette circonstance nous permit de nous voir un peu plus souvent. Lorsque la guerre fut déclarée, étant allé à Saint-James pour causer avec lui des événements qu'il était facile de prévoir, je le trouvai tout contristé.

— Comme les hommes sont bêtes! me dit-il. N'aurait-on pu se passer de cette guerre! Que de gens on va faire tuer qui se seraient estimés heureux de continuer à vivre! Que de belles choses on pourrait faire avec l'argent qu'on va dépenser!

Je n'étais guère plus content que lui.

— On crie trop « A Berlin! » lui dis-je. Les Prussiens pourraient bien venir à Paris.

— Il ne faut pas parler de cette guerre en chauvins, mais en philosophes, reprit-il. Quelles que soient les considérations politiques qui ont déterminé les gouvernements de la France et de la Prusse à troubler la paix de l'Europe et à tout remettre en question dans le monde, dans l'état actuel de la civilisation, je n'hésite pas à qualifier ces considérations d'absurdes et de barbares. Quel que soit le vainqueur, de grands désastres vont incontestablement affliger l'humanité. L'art, l'industrie, le commerce, la science, les études, tout ce qui fait la véritable force et la grandeur des nations va éprouver un temps d'arrêt dont il sera très-difficile de neutraliser les effets plus tard. En en mot, je n'attends que du mal de cette déclaration de guerre si peu prévue.

Quand il parlait ainsi, Gautier ne se croyait certainement pas si bon prophète.

— Si nous sommes vaincus, reprit-il, nous devrons nous attendre à voir les ténèbres s'épaissir partout autour de nous. L'hypocrisie protestante et la grossièreté allemande ne tarderont pas à tout envahir. Tout sentiment du Beau disparaîtra, et, pour longtemps, pour toujours peut-être, le monde entier sera soumis au régime écrasant de la force brutale. Si nous sommes vainqueurs...

— Eh bien! Théo, si nous sommes vainqueurs?

— Cela sera certainement très-doux pour nos cœurs, et je nous le souhaite avec passion, reprit-il; mais je cherche vainement quels avantages nous retirerons de notre triomphe. Ce n'est jamais impunément qu'on fait rebrousser chemin à son siècle. Il est certain que, tous tant que nous sommes, nous ne demandions qu'à travailler, qu'à vivre en paix les uns avec les autres. Voilà que, tout à coup, on nous rejette en plein dans les vieilles coutumes de la barbarie. Nous vivions au dix-neuvième siècle, on nous ramène à Gengis-Khan. La guerre n'est plus dans nos mœurs. Le mouvement universel des esprits est dirigé dans le sens des études sérieuses; la science, l'art, l'industrie, accaparent toutes les intelligences. Si nous sommes vainqueurs, ce sera certainement très-heureux pour nous, et nous aurons sujet de nous réjouir; mais la chose sera d'un mauvais exemple.

Je ne comprenais pas, je me récriai.

— Sans doute, continua Gautier, car alors toutes les forces vives de la nation qu'on appliquait aux arts et aux sciences seront reportées sur la profession des armes.

La France était un atelier, elle sera un camp. Au lieu de faire des artistes, des savants, des industriels, des commerçants, on ne s'exercera plus qu'à faire des soldats. Avant cette malheureuse déclaration de guerre, on pouvait comparer la France à la Grèce; si nous sommes vainqueurs, nous aurons devant nous les brutales et grossières destinées de Rome; si nous sommes vaincus...

— Eh bien! lui dis-je, achève donc.

— Il ne nous restera qu'une ressource,

ce sera d'imiter les Grecs réduits en esclavage par les Romains, en corrompant nos oppresseurs. Il aurait mieux valu ne pas avoir affaire à eux.

XLVII

Les mois de juillet et d'août se passèrent, chaque jour amenant avec lui la nouvelle d'une défaite. Les armées allemandes s'avançaient vers Paris presque sans rencontrer d'obstacles; la consternation était empreinte sur tous les visages; personne ne pouvait croire à la réalité des événements survenus.

L'un des premiers jours du mois de septembre, comme je traversais le bois de Boulogne en voiture pour me rendre chez Gautier, je trouvai toutes les routes barrées par des abatis d'arbres. De toutes parts les rameaux, couverts de feuillages encore verts, traînaient sur le sol.

Les environs de la mare d'Auteuil, naguère si pittoresques, avec leurs chênes noueux dix fois centenaires, avaient été littéralement saccagés. Sur toute l'étendue du revers des fortifications, on voyait les troncs d'arbres coupés à hauteur d'homme et soigneusement taillés en pointe, comme des chevaux de frise.

Une foule d'ouvriers et de paysans confectionnaient en plein air des gabions et des fascines, pendant que, sur le revêtement du mur d'enceinte, se dressaient de longues pièces de siége entre les embrasures gazonnées. L'animation qu'on retrouvait partout avait quelque chose de morne; les gens travaillaient avec hâte, mais sans gaieté. A peine quelques rares promeneurs, comme moi, s'arrêtaient-ils pour regarder tristement l'œuvre de destruction qui s'accomplissait autour d'eux.

Il n'est rien de plus affligeant, selon moi, que de voir jeter sur le sol, à coups de cognée, de beaux arbres en pleine croissance. C'est une chose si facile, et qui demande si peu de temps, que de les détruire ! et il faut tant d'années pour les faire pousser ! De toutes parts, les oiseaux, chassés de leurs vertes retraites, s'envolaient en poussant des cris effarés.

Mais ce n'était pas là le côté le plus affligeant et le plus particulier de cette scène extraordinaire.

A un moment donné, comme s'ils avaient obéi à quelque signal perceptible pour eux seuls, voilà que de partout, à travers les rameaux, surgissent d'immenses troupeaux de bœufs et de moutons qui paraissaient errer à l'aventure.

XLVIII

Il est certain qu'ils étaient absolument livrés à eux-mêmes : ni bergers ni chiens ne les accompagnaient. Ils emplissaient le fossé des fortifications dans toute sa longueur, ainsi que le saut-de-loup qui délimite certaines parties du bois, tous les animaux se haussant les uns sur les autres, comme s'ils avaient eu hâte de se presser vers un but inconnu.

Cette étrange invasion de bêtes comestibles était peut-être plus lugubre à elle seule que tout le reste. Elles s'en allaient à travers bois, sans souci des allées et des routes, crevant de fatigue et de faim, les unes broutant les derniers vestiges d'herbe qui avaient été piétinés par les arracheurs d'arbres, les autres s'attaquant aux feuillages et aux écorces, toutes pitoyables à voir, tant elles étaient, sans s'en douter, l'expression doublement pathétique et énergique de la famine. Lorsque j'arrivai chez Gautier, dans toute l'étendue du bois on aurait vainement cherché une feuille d'arbre ou un brin d'herbe. Tout avait été dévoré. Et les bêtes se poussaient toujours, surgissant de partout, comme si toutes celles de la création eussent été conduites là pour y mourir.

Je trouvai mon ami profondément triste.

— Cette abominable guerre ne fait que commencer, me dit-il, et nous sommes régulièrement battus chaque jour, et ici, à Paris, on en est à enrégimenter les commis de l'octroi et les gardes du bois de

Boulogne. Jamais je ne me serais cru si chauvin. Je suis furieux !

Je lui dis ce que j'avais vu dans le bois, et comme ce jour-là il ne pouvait y avoir rien d'intéressant pour nous en dehors des événements qui se passaient dans le quartier même, je le fis monter avec moi dans la voiture qui m'avait amené, et nous nous dirigeâmes vers le bois, à travers les rues de Saint-James.

On aurait dit que les Prussiens étaient déjà maîtres des portes, tant la panique y était grande. De chacune des élégantes villas du quai de Saint-Cloud, du boulevard Maillot et de l'avenue de Madrid, sortaient des chariots de déménagement où s'échafaudaient périlleusement de riches meubles; tous se dirigeaient vers Paris, dont les ponts-levis étaient encombrés par une foule frappée de terreur. Chacun fuyait, emportant ce qu'il possédait de plus précieux. On voyait, spectacle attristant! — des malades et des infirmes convoyés par des femmes et des enfants sur des charrettes. Aux environs des portes, les bœufs et les moutons avaient reflué, comme s'ils eussent espéré trouver quelque nourriture dans la ville.

Tout annonçait l'approche de l'ennemi, le désespoir des uns, la hâte et la terreur des autres, et, chose que ceux qui ne l'ont pas vue refuseront d'admettre, il n'y avait rien de prêt pour le recevoir. Les populations affolées fuyaient devant l'invasion, espérant trouver un refuge assuré dans la capitale du monde, et là on en était encore à approprier les postes-casernes, à façonner les embrasures, à installer les ponts-levis et à blinder les casemates.

Tout le long de la rue militaire qui

court, à l'intérieur de la ville, parallèlement aux remparts, on voyait des recrues faire l'exercice. Le désordre qui régnait partout, chacun paraissant moins obéir à un commandement parti de haut qu'à sa propre inspiration, affligeait l'esprit. Quelques braillards à moitié ivres, sans doute afin de s'étourdir, hurlaient des lambeaux de la *Marseillaise;* d'autres, qui ne paraissaient point avoir conscience de la situation, criaient : « A Berlin ! »

— Tout cela me lève le cœur ! me dit Gautier. Reconduis-moi chez moi. J'en ai assez.

Nous reprîmes la route de Saint-James.

— Nous avons tous lu dans l'histoire le récit de pareilles scènes, me dit-il encore. Et tous, nous nous sommes dit : La civilisation a marché, on ne reverra plus jamais de telles choses. Nous sommes cependant condamnés à les voir. Les voici, sous nos yeux, au dix-neuvième siècle, à cette « époque de progrès, d'adoucissement dans les mœurs », comme disent les gazettes. Oh! que ne sont-ils là, tous ceux qui voient dans la guerre un moyen de gouvernement, tous ceux qui conseillent la guerre!

— Que vas-tu faire? lui demandai-je comme nous rentrions dans le bois.

— Je ferai comme les autres, je tâcherai de me caser dans Paris, avec mes tableaux.

— Et comment vivras-tu?

— Je n'y pense même pas.

XLIX

Je passai les sept mois du siége à Boulogne-sur-Mer, et revins à Paris le 18 mars 1871, le jour même de l'établissement de la Commune. Ma première préoccupation fut pour Gautier. J'appris qu'il avait pu mettre ses tableaux en sûreté dans la cave d'un ami qui logeait rue Bonaparte, et qu'il s'était retiré avec ses deux sœurs dans une chambre de la rue de Beaune. On me dit également qu'il était malade. Je me rendis à son nouveau domicile. Le concierge m'annonça qu'il était installé à Versailles.

Je ne devais le revoir qu'à mon retour

d'Allemagne, où j'étais allé prendre des eaux minérales nécessaires à ma santé, au mois d'octobre de la même année 1871. Il s'était réinstallé à Saint-James. Quels tristes changements je constatai dans sa personne! Il avait le visage boursouflé, le teint terreux, les yeux vitreux, et ses jambes commençaient à se gonfler.

— Qu'est-ce que tu as donc? lui demandai-je.

— J'ai une hypertrophie du cœur.

Il me dit cela tout tranquillement, comme s'il s'était agi de la chose la plus anodine.

Je mis la main sur le côté gauche de sa poitrine.

Les battements du cœur étaient intermittents. Ils soulevaient les côtes avec force.

Je repris :

— Que dit ton médecin?

— Il dit que ce ne sera rien.

— Respires-tu facilement?

— A peu près aussi bien qu'un homme qui se noie.

Je ne trouvais rien à lui dire. J'étais aussi malade que lui. Nous nous regardions tous deux, ayant l'air de nous demander lequel de nous partirait le premier pour le grand voyage.

Il me dit qu'il avait passé tout le temps du siége à Paris, endurant de grandes privations, d'où provenait sans doute le germe de sa maladie.

— Et puis, reprit-il tristement, il y a encore autre chose; tout ce qui m'a passé devant les yeux depuis l'origine de cette guerre maudite ne m'inspire que de l'horreur.

Il est certain pour moi que les événements politiques des deux dernières années lui avaient porté un coup dont il sentait qu'il ne pourrait jamais se relever. Et, en effet, il avait été terrassé, par l'accident le plus imprévu, comme il se voyait renaître à la vie et s'apprêtait à jouir d'une vieillesse honorée, paisible et heureuse.

Jamais ses relations avec son éditeur et son journal n'avaient été meilleures. Il touchait une petite pension sur la cassette de l'Empereur. La situation qu'il occupait dans la maison de madame la princesse Mathilde était aussi flatteuse qu'agréable. On avait fait briller à ses yeux la perspective d'un siége au Sénat, comme récompense définitive de sa longue carrière, tout entière consacrée aux lettres. Et il avait suffi d'une heure pour anéantir tout cela.

A la place de la société prévenante et polie qui l'entourait incessamment d'hommages et de soins dans le petit hôtel de la rue de Courcelles, il s'était vu pendant sept mois, transi par la solitude d'une chambre glacée, dans un quartier perdu de Paris bombardé. A la place des distractions sans cesse renaissantes des théâtres, du perpétuel mouvement des arts et de la fréquentation des artistes, il avait enduré les affres d'une maladie horrible qui le tenait encore, et lui mettait incessamment devant les yeux l'image de la mort. Il y avait de quoi décourager une âme mieux trempée. Le souvenir de la Commune surtout le remplissait d'une sorte d'épouvante étonnée dont il ne pouvait se remettre.

— Brûler le Louvre! répétait-il souvent. Mettre le feu à la Bibliothèque! Comment avons-nous vu cela sans en mourir ou devenir fous!

Nous convînmes que je viendrais le voir

.chaque jeudi. Étant le plus valide des deux, c'était à moi de me déplacer. Il me promit de ne jamais sortir ce jour-là. De mon côté, je pris l'engagement d'être exact.

Ses tableaux lui avaient été rendus. Il s'amusait, avec un plaisir d'enfant, à les suspendre à leurs anciennes places.

Un jour, comme nous fumions tous deux auprès de son feu, il me dit :

— Tu sais quelle sainte horreur m'a toujours inspirée la politique. L'une des choses qui m'exaspèrent le plus aujourd'hui, c'est que je suis obligé de m'en occuper.

— Comment, t'en occuper?

— Eh! sans doute. Tout n'est pas fini. Le transport des communistes dans la région des antipodes ne ruine pas les espérances que conservent beaucoup de fous et d'enragés dans la future Commune; de même, les louables efforts que font les gouvernements de France et d'Allemagne pour apaiser les haines suscitées dans ces deux contrées par la dernière guerre, demeurent impuissants devant le parti pris de revanche qui s'est logé ici dans une foule d'esprits détraqués. Si je ne craignais pas de t'ennuyer en te faisant ici une espèce de *premier-Paris* sur ces matières délicates, je pourrais te montrer que ton ami Théo, quoique ayant élu domicile au rez-de-chaussée des journaux, ne raisonne pas plus mal que les hommes soi-disant sérieux et qui hantent les combles de ces feuilles.

— Je t'écoute.

— Selon moi, il n'y a que deux systèmes raisonnables et praticables entre lesquels la France doit choisir, si elle veut sortir du gâchis où elle est plongée. Le premier, qui n'est peut-être pas le plus prudent et le plus sage, mais qui est parfaitement conforme au caractère légèrement vaniteux, vindicatif et rancunier de notre nation, est celui que tu as indiqué dans ton livre *l'Allemagne en* 1871 : entretenir chez nous, comme un feu sacré, la haine contre les Allemands, et, tout en ayant l'air de vouloir vivre en paix avec tout le monde, nous préparer subrepticement et patiemment à la revanche qui viendra quand nous serons prêts. Ce qui ne me plaît pas dans un tel système, c'est qu'il tend à éterniser la guerre, et que la guerre, même la plus légitime, est toujours atroce et stupide, faisant marcher l'humanité dans le sens opposé à la civilisation.

Il y a, d'ailleurs, bien assez longtemps que, de revanche en revanche, la guerre a trouvé le moyen de toujours durer entre les Gaulois et les Germains, les Allemands et les Français; deux grands peuples, à ce qu'il me semble, peuvent trouver à faire quelque chose de mieux sous le ciel que de chercher à s'entre-détruire; le but de la civilisation, qui prime tout, n'est pas là. Je sais bien qu'il est dur pour nous d'avaler la dernière campagne; les peuples ont leur amour-propre comme les hommes; mais je sais bien aussi que, en nous entêtant à poursuivre une revanche qui pourrait se dérober longtemps devant nous ou ne pas être définitive, nous nous suicidons de gaieté de cœur.

— Comment cela, Théo?

— Notre but n'est pas et ne doit pas être de nous maintenir à la tête des autres peuples par les armes. Avant tout, il faut se connaître. La spécialité de la France, n'en déplaise aux chauvins, c'est la science, c'est l'art, la recherche du Beau, la vulgarisation du Goût. Si nous sommes en réalité la première de toutes les nations de la terre; si nous jouons, sauf quelques menus détails, dans le monde moderne, le même rôle que les Grecs dans l'antiquité, cela ne provient pas des succès que nous avons obtenus, de tout temps, sur les champs de bataille. Tous les peuples, les uns après les autres, se sont donné ces petites satisfactions d'amour-propre; notre prépondérance provient uniquement de nos facultés artistiques, de notre ingéniosité à tout embellir, de la sûreté de coup d'œil grâce à laquelle nous donnons à toutes les choses qui sortent de nos mains un caractère particulièrement distingué. La chose la plus importante pour nous, ce n'est pas de nous agrandir, d'ajouter des annexions aux annexions, de convoiter la frontière du Rhin et la possession du Luxembourg et de la Belgique. Nous pouvons vivre sans cela ; la preuve en est que nous nous en sommes presque toujours privés.

La seule question qui mérite véritablement de nous intéresser est celle-ci, ajouta Gautier : continuerons-nous, comme par le passé, à produire, et en quantité, à quelques minimes lacunes près, les meilleurs écrivains, les plus grands peintres, les architectes les plus savants, les statuaires les mieux doués et les plus féconds, les plus ingénieux industriels? En un mot, conserverons-nous, oui ou non, la direction du mouvement littéraire et artistique que nous devons à notre tempérament particulier de Français, et qui, depuis le treizième siècle, nous maintient à la tête de la civilisation? Tout est là. Si nous sommes assez heureux pour conserver cela, nous pouvons nous passer de tout le reste. Nous demeurons les véritables rois de la terre. Le monde, rassuré par notre modération et notre sagesse, sachant d'ailleurs que nous avons toujours la tête chaude et que nous sommes toujours en mesure de repousser virilement toute agression, ne pense plus à nous chercher noise et nous laisse travailler en paix. Cela ne vaut-il pas infiniment mieux que de porter toutes les richesses et toutes les forces vives de notre nation dans la passion des armes, de cesser de former de bons ouvriers et de grands artistes pour ne plus nous occuper qu'à enrégimenter des soldats?

Ici, je ne pus m'empêcher d'interrompre Gautier.

— Tout à l'heure, tu disais qu'il n'y avait pour la France que deux systèmes praticables qui pussent la tirer d'affaire. Et tu ne m'as fait l'exposé que d'un seul.

— Patience! reprit Théo. Je dois d'abord te communiquer une observation que peu de gens me semblent avoir faite, et qui est cependant pleine de sens.

— Laquelle?

— Celle-ci : l'un des résultats les plus étonnants de la guerre n'aura pas été de faire naître chez nous un faux patriotisme, lequel consiste uniquement à ne pas vouloir accepter les faits accomplis. On croit faire preuve de courage et de dévouement au pays en ayant toujours à la bouche le mot de *revanche* ; on sacrifierait volontiers l'avenir de la France, et jusqu'aux souvenirs les plus flatteurs de son passé, pour donner une pile, une seule même, une toute petite pile, aux mangeurs de choucroute qui nous ont si complétement rossés. Il semblerait qu'il suffit de rouler de gros yeux, de faire des mouvements canailles avec les bras et de prendre des airs de Tranche-Montagne pour devenir des foudres de guerre. Cette colossale stupidité n'a pas été complétement étrangère aux vilaines passions qui engendrèrent le mouvement de la Commune. Si nous voulons reprendre une place honorable parmi les peuples civilisés, il est grandement temps d'y renoncer. Le plus simple bon sens, en effet, démontre surabondamment qu'on peut adorer son pays sans cesser de se comporter avec bienséance, qu'on peut être un héros sans se rendre grotesque, et qu'un peuple battu n'est pas nécessairement un peuple anéanti.

C'est ici que j'arrive à mon second système. La plupart des événements qui se produisent dans l'existence des nations peuvent être comparés à ceux qui font la ruine ou la fortune des individus. Dans le nombre infini des accidents qui affligent l'humanité, il y en a quelques-uns de réparables ; nous sommes obligés d'accepter les autres avec une résignation stoïque, car rien ne peut les empêcher d'avoir été, et il n'existe pas de remède susceptible de les atténuer. Une maladie des plus graves, telle qu'une fluxion de poitrine ou une fièvre typhoïde, n'est pas toujours guérissable, mais elle l'est quelquefois, et, après nous avoir tenus, pendant quelque temps, comme suspendus entre la vie et la mort, elle nous emporte avec elle ou nous laisse sur nos deux pieds. C'est pair ou non, c'est pile ou face.

Il n'en est pas de même de certains accidents qui, sans nous menacer directement dans les sources mêmes de notre existence, sont cependant absolument irrémédiables, et nous condamnent à mener une vie dépourvue d'agréments. Nous nous cassons un bras; on nous le coupe; en voilà pour la durée de notre existence ; nous savons que ce bras ne repoussera pas. Il nous faut prendre notre parti, accepter les faits accomplis, disposer notre manière de vivre de façon à nous passer toujours de ce bras, faire comme si la nature ne nous en avait donné qu'un seul. C'est embêtant, affreusement gênant dans une foule de circonstances, mais c'est ainsi, et ni la science, ni la colère, ni le patriotisme, vrai ou faux, ne modifieront cette situation.

Eh bien ! à mon avis, la France, dans cette dernière guerre si malencontreusement décidée et si mal conduite, pour suivre ma comparaison, ne s'est pas vue aux prises avec une fièvre typhoïde ou une fluxion de poitrine. Elle a perdu un bras. Voilà tout. A première vue, cela n'a l'air de rien, et c'est beaucoup. Et maintenant, nous tous qui vivons de sa vie, notre devoir est-il de nous désoler bêtement de ce grand malheur, d'attendre que ce bras repousse ? Ne devrions-nous pas plutôt faire comme l'individu — sage, raisonnable — et qui se voit victime d'un malheur semblable ? Je ne fais point ici de sentiment, je ne consulte pas mon cœur, je raisonne comme je suppose que doit le faire l'homme d'État qui a accepté la délicate et douloureuse tâche de notre régénération sociale.

Me voilà donc devant la France meurtrie, mutilée, appauvrie, profondément humiliée, couchée dans une boue qu'elle teint de son sang. Je suis un être intelligent, j'ai l'expérience des choses et des hommes, j'ai de plus pour mon malheureux pays toutes les tendresses qu'on se sent au cœur pour une mère mourante ; que vais-je faire ? Irai-je cruellement, je pourrais dire « stupidement », essayer de la relever pour la conduire immédiatement à une lutte nouvelle dans laquelle elle aurait toutes les chances pour perdre ce qui lui reste de forces, de confiance en elle-même, de fortune, et pour tomber plus bas encore qu'elle ne l'est aujourd'hui ? Sans doute cette lutte pourra plaire à son courage, flatter son orgueil ; mais d'une part, elle l'exposera à des dangers pénibles, et, d'autre part, quelque heureuse qu'elle soit, elle ne la replacera jamais dans la situation où elle était avant la guerre de 1870. Les bras coupés ne repoussent pas, et la France a perdu un bras. Il faut qu'elle trouve le moyen de vivre sans ce bras. Elle le peut. A défaut de la suprématie militaire qu'elle a conservée longtemps, il faut qu'elle s'accoutume à se contenter de la suprématie intellectuelle. C'est encore un assez beau lot.

Voici donc ce que je ferais, sans me préoccuper de la forme du gouvernement, si j'avais assumé la responsabilité de notre restauration morale et matérielle : tout en voulant la paix, et m'exerçant à calmer les défiances et les susceptibilités d'un ennemi ombrageux et démesurément enflé de son triomphe, je mettrais notre armée, et je l'y maintiendrais par la discipline, sur le pied respectable qui lui permettrait de faire bonne figure dans une nouvelle guerre; je trouverais le moyen de payer l'indemnité de cinq milliards et de nous délivrer de la présence des Allemands dans le plus bref délai possible; je ne négligerais pas les alliances, qui sont toujours utiles; toute ma politique, intérieure comme extérieure, pivoterait sur ce seul point : APAISEMENT. Je voudrais consacrer tout ce qu'il me reste de force, de vie, à faire renaître la confiance et le travail. Enfin, je serais moins un *vengeur* qu'un *restaurateur*. En agissant ainsi, je croirais avoir aussi bien rempli mon devoir envers l'humanité tout entière qu'à l'égard de mon pays. Tu vois que, pour un homme qui n'a jamais fait son métier de la politique, je puis, à l'occasion, émettre des idées qui ne sont point absolument déraisonnables.

— Je les approuve d'autant mieux, lui répondis-je, que je ne suis point éloigné de les partager. Je ne leur reproche qu'une seule chose, c'est de combler les vœux de nos ennemis.

— Ah ! pardieu, s'écria Théo, voilà une belle objection, et qui part d'un esprit diantrement politique ! Si nous nous tirons du gâchis, que nous importe la joie ou le désappointement qu'en ressentiront les Allemands ?

Il est bien évident que la seule chose véritablement importante pour nous, c'est de revenir à la vie, et de reprendre, sous une forme quelconque, la direction de la civilisation.

Ne t'occupe donc pas du plus ou moins de plaisir que cela pourra faire à nos vainqueurs. Cette considération est tout à fait étrangère à la question.

— Mais, repris-je, il me reste à te faire une autre objection.

— Laquelle?

— En réfléchissant à tout ce que nous avons dit, je vois que nos sublimes théories n'ont servi qu'à nous enfermer dans un cercle.

— Comment cela?

— Si la France veut être en état de résister à une nouvelle invasion des Allemands, selon nous, il faut qu'elle se transforme en un grand camp. Et, dans ce cas, on ne forme plus chez nous ni ouvriers ni artistes : on ne fait plus que des soldats. Cela rend impossible le retour de notre supériorité intellectuelle.

— Je ne crois pas, continua-t-il, au désir d'une nouvelle invasion chez les Allemands. Ils nous ont tenus sous leurs pieds, sans alliés, sans armée, sans argent, sans gouvernement, à leur entière discrétion. Ils ont tiré de nous tout ce qu'il était matériellement possible de nous arracher. S'ils avaient pu nous enlever quelques petites choses de plus, n'aurait-ce été qu'une pendule, ils ne s'en seraient certes pas privés. Maintenant, le bon sens l'indique, la seule force des choses les oblige à vivre en bonne intelligence avec nous. Ils ont intérêt à porter ailleurs leurs futures convoitises. Je crois donc qu'il est inutile de se tant préoccuper d'eux; mais, sans nous départir de la prudence qui veut qu'une grande nation, tout en vivant en paix avec le monde entier, soit toujours prête à faire la guerre, nous pouvons nous remettre, en toute sécurité, à nos travaux et à nos études.

— Ce que je te dis là, reprit Théo, est peut-être un peu terre-à-terre; ma théorie pourra passer pour manquer un peu d'héroïsme. C'est que, en ce moment, selon moi, ce n'est pas d'héroïsme que nous avons besoin pour nous refaire; l'héroïsme était bon alors qu'il s'agissait d'empêcher les Prussiens de passer la frontière : aujourd'hui que toutes nos pensées doivent être tendues vers un seul point, celui de notre régénérescence, l'héroïsme serait hors de propos, il pourrait nous gêner. En un mot, nous n'avons plus besoin que d'une qualité qui nous a toujours manqué, le bon sens.

Gautier et moi nous ne reparlâmes plus jamais politique. On peut juger par l'échantillon de ses idées que je viens de donner, qu'il n'aurait pas fait trop mauvaise figure dans les conseils du gouvernement, si le hasard des circonstances ou l'intelligence des électeurs l'y avaient jamais appelé.

Mais il n'y avait aucun goût. C'était l'art dans toutes ses branches et sous toutes ses formes qui occupait constamment sa pensée, et si bien qu'il était presque absolument impossible de parler avec lui d'autre chose que de l'art. Il vous y ramenait insensiblement, mais impérieusement, dès qu'on faisait la moindre tentative pour l'attirer vers d'autres sujets. Dans les derniers mois de sa vie, entre la fin de l'année 1871 et celle de 1872, époque où l'on peut dire que l'univers entier ne s'occupait que de politique, où l'Allemagne cuvait son triomphe, où la France commençait à travailler sérieusement à sa régénération, passant chaque semaine une demi-journée en tête-à-tête, nous aurions pu échanger nos idées sur les événements quotidiens.

Il ne nous arriva pas une fois d'en parler. Ce n'était pas indifférence de la part de Gautier. C'est qu'il sentait que ni lui ni moi ne pouvions exercer aucune influence sur ces événements, et qu'il avait, d'ailleurs, d'autres matières en tête. Il revenait souvent sur le sujet si vain et tant de fois débattu entre nous, de *la morale dans l'art,* disant avec autant d'ingéniosité que de bon sens, que l'influence du théâtre moderne, avec ses tendances à prêcher, avait été des plus préjudiciables à l'art littéraire.

— Les auteurs dramatiques, disait-il, étant convenus entre eux que toute pièce devait avoir une utilité spéciale, en dehors de l'art, qui ne se propose que le Beau pour but, telle que d'empêcher les mamans de montrer leurs jarretières quand elles passent les ruisseaux, ou les demoiselles de se fourrer les doigts dans le nez, les

romanciers aussitôt, avec une louable
émulation, se sont mis à écrire des histoires d'amour pour démontrer que la
guerre était une invention des plus cruelles,
que la vertu était plus estimable que le
vice, et que le luxe, — qui fait vivre les
cinq sixièmes des ouvriers français, —
était la cause de la perdition de l'humanité.
Je n'ai jamais compris qu'il fût indispensable d'écrire une pièce en cinq actes pour
engager les demoiselles à conserver le décorum qui sied si bien à leur sexe; il m'a
toujours semblé que leurs papas et leurs
mamans, au lieu de les conduire au théâtre du Gymnase ou du Vaudeville, où,
d'ailleurs, elles n'ont que faire, pouvaient
se contenter de leur dire : « Mesdemoi-
selles, ne vous mettez pas les doigts dans
le nez. »

Je ne comprends pas davantage aujourd'hui l'utilité qu'il y a à écrire un roman en trois volumes pour apprendre, par exemple, aux populations qu'il est très-imprudent de dépenser le double de ses revenus en babioles, ou autre vérités de la même force. Il me semble plus simple de le leur dire. Mais il existe une foule de niais qui s'amuseront toujours de ces enfantillages, et il est trop facile aux auteurs à court d'imagination et de talent, de prêcher, même dans le désert, pour qu'ils se privent de ce moyen d'ennuyer les masses, lorsqu'ils ne se sentent plus capables de les amuser. Nous aurons donc incessamment une pépinière de docteurs ès mœurs qui, pour pousser à la pratique de la vertu, ne négligeront pas de faire exhiber les jambes de jeunes et jolies actrices dans leurs pièces. Je ne sais pas si j'ai la chance d'être un animal à part dans l'espèce humaine, mais je me dois à moi-même de déclarer que je trouve cela extraordinairement réjouissant.

C'est ainsi que Gautier, dans l'intimité, se plaisait souvent à envelopper sa pensée dans la forme la plus sarcastique et la plus joviale. En toute chose il était, avant tout, un homme d'esprit.

De même que la plupart de ses meilleurs amis, j'avais été peiné des trop nombreuses démarches qu'il avait faites, et toujours inutilement, pour se faire recevoir à l'Académie. Il me semblait, comme à bien d'autres, qu'un homme de sa valeur n'aurait pas dû tant s'humilier à tant s'offrir ; que d'ailleurs, le poëte qui avait débuté dans l'art littéraire par la préface de *Mademoiselle de Maupin*, pourrait bien être souvent embarrassé de sa contenance devant quelques-uns de ses collègues moins littéraires et moins romantiques, et qu'enfin, en présence de certains choix tout récemment faits, où la politique et l'esprit de coterie avaient eu beaucoup plus d'influence que le vrai mérite, il y aurait quelque convenance aux véritables lettrés et aux artistes à ne pas faire à l'Académie l'honneur de lui appartenir. Comme c'était là un sujet des plus délicats, dans lequel je sentais instinctivement que l'amour-propre viendrait se glisser, j'hésitai fort longtemps avant d'en parler à Gautier. Et même je ne m'y décidai que le jour où il me mit obligeamment sur la voie. Il accueillit les observations que je crus devoir lui faire avec la bonne foi la plus touchante.

— Je te prie de m'excuser pour cette faiblesse, me dit-il, mais je t'avoue sincèrement que j'aurais éprouvé un réel plaisir à me voir, comme on dit, « l'un des quarante ». Il en est de l'Académie comme de la croix de la Légion d'honneur. On en plaisante quand on est jeune, on affecte de s'en moquer; on sait, on se répète, et l'on répète autour de soi à satiété, que cela ne signifie rien et ne prouve rien de faire partie de l'une et de porter l'autre. Cependant quand on a le sentiment de sa valeur personnelle et qu'on sait qu'on n'a pas démérité, et surtout quand on voit que tous vos confrères, même ceux d'un moindre mérite, et spécialement ces derniers, sont invariablement choisis pour obtenir au moins l'une de ces deux distinctions, on ne peut s'empêcher de ressentir une certaine humiliation à s'en voir trop longtemps privé.

Évidemment, c'est une injure qui vous est faite, et une injure imméritée. On ne devrait jamais donner la croix à aucun

écrivain, à aucun artiste, ou l'on devrait
la donner toujours avec justice. Dès le jour
même où un homme s'est fait un nom par
une œuvre, qu'on le décore, ou qu'on ne
décore personne. Les choix qu'on fait généralement sont pitoyables. C'est un ridicule amalgame d'artistes d'un mérite réel
et de *fruits secs*. Le public en rit, et fait
bien. Quant à l'Académie qu'il faut solliciter, ainsi le veulent ses règlements : dans
la pensée de son fondateur, elle devait
être le premier corps littéraire de l'Europe, et elle pouvait l'être, en effet ; malheureusement, par la faute de la vanité
humaine, elle est devenue insensiblement
une sorte de club ou de salon politique. On
y reçoit toute sorte de gens, excepté des
littérateurs ; des avocats, des princes. Tout
cela ne fait rien : il n'y en a pas moins
quelque chose de blessant pour un homme

de lettres qui occupe une certaine position dans l'esprit du public, de ne jamais en faire partie. L'entêtement que je mets à recommencer mes visites à chaque nouveau fauteuil vacant n'a pas d'autre cause. Tu me diras que de Balzac n'était pas académicien, que Georges Sand et le grand Dumas ne le seront jamais ni l'un ni l'autre. Je n'en suis que plus disposé à le devenir. Encore une fois, je te fais simplement ici l'aveu d'une faiblesse. Que veux-tu? on n'est pas parfait!

L'avant-dernière fois que je vis Gautier, la maladie qui devait l'emporter avait fait des progrès rapides. Il ne respirait plus qu'avec effort, il avait les mains et les pieds gonflés. Cependant, il aurait été impossible, même à l'œil le plus exercé, de constater la moindre différence entre ce qu'il avait été jusque-là et ce qu'il était alors. La mémoire, celle de nos facultés qui s'altère le plus vite et toujours en premier, quand nous sommes sous le coup d'un ébranlement quelconque, était demeurée intacte chez lui. Il se mit à me faire, amicalement, la critique bienveillante d'un livre que je venais de publier et que je lui avais envoyé. Il l'avait lu une fois, et il se le rappelait tout entier, jusque dans ses passages les moins saillants, comme s'il l'avait appris par cœur. Un autre fait dont je me souvins depuis lors, et qui me frappa, c'est qu'il avait conservé les tournures de langage qui lui étaient le plus habituelles. Ainsi il n'y avait aucun changement apparent en lui. En voici un exemple :

— As-tu revu Victor Hugo depuis qu'il est installé à Paris? lui demandai-je.

— Oui, sans doute.

— Comment a-t-il été pour toi?

— Délicieux.

Cette expression peut sembler exagérée, mais elle lui était familière. Elle signifiait qu'il avait retrouvé son ancien ami tout entier, qu'il avait été parfait de formes pour lui.

Je repris :

— Et Flaubert, l'as-tu vu depuis un mois qu'il est à Paris?

— Il est venu me voir il y a quinze jours.

— Comment l'as-tu trouvé, lui?

— Truculent!

Ce vocable, qui ne se trouve dans aucun dictionnaire et que Gautier affectionnait particulièrement, car il l'avait souvent à la bouche, signifiait en cette occasion qu'il avait trouvé notre ami en belle santé, en force, l'esprit en éveil, enfin très-dispos.

Il me parla longuement de sa santé, qui s'améliorait, disait-il. Son médecin lui avait donné l'assurance qu'il serait tout à fait remis au printemps suivant. Plus tard, il me fut facile de comprendre que ledit médecin le trompait, par humanité, voulant lui épargner l'angoisse prolongée de se voir mourir à courte distance. Il me parut ne manquer d'aucun des soins et même des tendresses que réclamait sa situation; ses deux sœurs s'empressaient autour de lui et se multipliaient comme d'habitude; sa belle-fille l'embrassait avec effusion, comme si elle avait eu le pressentiment de sa fin prochaine. Rien pourtant n'annonçait cette fin. Il faisait joyeusement sauter ses deux petits enfants dans ses bras, et cela me semblait une chose des plus réjouissantes de voir le soi-disant sceptique Théo prenant si fort au sérieux son rôle de grand-père. On peut être et avoir été un romantique à tous crins, et n'en avoir pas moins les vertus et les faiblesses de l'esprit de famille.

Tel était Théophile Gautier. Il aurait volontiers, comme Henri IV, passé ses journées à quatre pattes, occupé à divertir ses petits-enfants. Enfin, il était aussi complétement civilisé que peut l'être, de nos jours, un homme d'esprit et de grand talent. C'est ce que le public, trop souvent injuste et grossier, et les hommes soi-disant sérieux qui dirigent ses jugements, ne voulaient jamais reconnaître. Ils ne lui pardonnèrent jamais, jamais, deux ou trois excentricités des plus inoffensives de sa jeunesse, et parce que, à une représentation d'*Hernani,* il avait peut-être porté un gilet rouge, et qu'on l'avait jadis rencontré par les rues avec des cheveux de six pouces plus longs que l'usage ne le permet, on lui refusa constamment, jusqu'à son dernier jour, tout sérieux, tout bon sens, toute dignité ; on s'entêta à ne jamais voir en lui qu'un bohème. C'était aussi stupide qu'injuste. Et le pis, c'est qu'il le savait et qu'il en souffrait.

Cependant, autant du moins que j'ai pu m'en rendre compte, la fin de son existence ne fut pas attristée par cet horrible ensemble de circonstances qui accompagnent trop souvent les derniers jours des sublimes infortunés qui ont consacré toute leur vie aux lettres et aux arts. Plus heureux que d'autres, et grâce à l'esprit de libéralité de son éditeur, s'il fut obligé, pour faire vivre les siens, de travailler jusqu'à sa dernière heure, il n'eut pas la douleur d'être obligé de se défaire, pièce par pièce, de tous les menus objets d'art, tableaux, bronzes, livres précieux, auxquels l'âme la plus sèche et la plus stérile finit invariablement par s'attacher, car ils sont la représentation matérielle et durable, ou d'un sentiment ou d'un événement heureux, ou d'un service rendu, ou d'un tendre souvenir.

Plus chanceux que d'autres, il ne vit pas les Prussiens s'abattre chez lui pour le dépouiller de tout ce qu'il possédait. Et, de même, il ne fut point obligé de mettre à l'épreuve l'égoïsme de ses amis, ni de tendre la main pour solliciter la pitié de ses confrères, qui n'y auraient probablement mis qu'une obole. Il ne se crut jamais aussi gravement malade qu'il l'était; il ne ressentit pas l'abominable torture de se voir mourir en détail, comme un édifice qui tombe en ruine pierre par pierre; il passa de vie à trépas comme il est tolérable d'y passer, brusquement, sans transition, sans l'ombre d'une souffrance, même d'un malaise; il vécut constamment dans cette atmosphère de bienveillance qui est indispensable aux artistes pour donner un corps aux fantômes de leur pensée, comme aux gens malheureux pour se résigner à leurs peines. Enfin, il eut cette chance inappréciable, la plus précieuse de toutes celles qu'on peut désirer, que je souhaite de tout mon cœur à tous ceux que j'aime, et spécialement à moi-même, la chance de sortir de la vie comme il y était entré, c'est-à-dire sans s'en douter. C'est pour cela surtout que je ne le trouve pas trop à plaindre, et qu'il est même des moments où je suis tenté de l'envier.

L

Je ne crois guère aux pressentiments, mais je ne puis m'empêcher d'être frappé de certains rapprochements qui se produisent en certaines circonstances.

Ce jour-là, comme je venais de prendre congé de Gautier, il m'avait accompagné jusqu'à la porte de la rue, selon son habitude, et je venais de m'installer dans ma voiture; il se pencha tout à coup vers moi:

— Dis donc, Feydeau, est-ce que tu t'es jamais douté, me dit-il, de ce que nous venons faire ici-bas?

— Moi? répondis-je; pas le moins du monde.

— Nous le saurons peut-être, reprit-il, quand cela ne nous servira plus à rien.

— Que veux-tu dire?

— Je veux dire quand nous tirerons les arbres par les racines, dans le cimetière.

— Dans ce cas, répliquai-je, celui de nous deux qui se livrera le premier à cette agréable opération, devrait bien trouver le moyen d'instruire l'autre de la chose.

— Eh bien! c'est entendu! fit-il.

Il me salua de la main et rentra chez lui.

Mais, jusqu'ici du moins, il n'a pas tenu sa promesse.

LI

La dernière fois que je vis Théophile Gautier, — et lui et moi nous étions bien loin de nous douter qu'il vivait sa dernière semaine, — il faisait un de ces temps froids et tristes, — comme il n'en fait que trop souvent à Paris au mois d'octobre, et le pauvre Théo faisait de vains efforts pour allumer son feu. Il avait beau bourrer de bois le poêle de sa salle à manger, le bois était sans doute humide, le poêle ne tirait pas, et nous étions transis tous les deux. La servante requise finit, à l'aide d'un fagotin de bois mort, par obtenir raison du poêle. Mais le guignon ne lâcha pas Théo pour cela. Le feu flambait à peine qu'il essaya d'allumer un cigare, et avec aussi peu de succès. L'allumette flambait, mais le cigare, humide comme le bois, ne brûlait pas.

Cette fois, la servante n'y pouvait rien faire. Théo mâchonnait son cigare, qui devait être de mauvaise qualité, car il sentait le foin mouillé, exhalait un mince filet de fumée noire et s'entêtait à ne pas brûler. Toute une boîte d'allumettes y passa. Théo tirait toujours, mais en vain. Je lui avais trouvé, ce jour-là, mauvaise mine. Il avait les traits empâtés, les regards vitreux, le teint barbouillé. Cependant il ne souffrait pas.

— Si je n'écoutais que moi, me dit-il, j'irais me promener sur le boulevard.

Je ne restai pas plus d'une heure. Je ne sentais rien à lui dire. Depuis un an nous

nous étions tout dit. Il ne cessa de s'occuper de ma fille, délicieuse bambine de six ans, que j'avais amenée avec moi. Il lui permit d'aller cueillir des fleurs dans son jardin, et, pendant tout le temps qu'elle fut occupée à faire son bouquet, il la suivit constamment des yeux, à travers le vitrage de la porte, craignant qu'il ne lui arrivât quelque accident. Quand elle fut rentrée dans la chambre, il l'attira entre ses genoux, disant :

— Comme c'est gentil, les petits enfants !

Tout en caressant ses beaux cheveux, il tomba dans une sorte de torpeur. La petite, voyant qu'il ne lui parlait plus, s'était sauvée dans le jardin. Mais, cette fois, il ne s'occupait plus d'elle. Je ne sais pas ce qu'il avait pu lire, le matin même, dans un journal, ou ce qu'on avait pu lui apprendre de triste, mais il me parut sous le coup d'un accès de misanthropie, causé par quelque événement récent. Sans motif apparent, il se répandit tout à coup en accents d'amertume contre la vie, la société, la guerre, la Révolution, la sottise humaine, et le reste ! Tout ce qu'il disait était plein de sens, marqué au coin de son caractère spirituel et sarcastique, mais je n'en saisissais point l'à-propos, et ne pus m'empêcher de lui dire :

— A quelle occasion tout cela, Théo ?

Il me répondit par ces mots terribles :

— A l'occasion de ta fille, qui est ravissante, et qui entre dans le monde à l'heure où les êtres intelligents s'estimeraient heureux d'en sortir !

LII

La nature a des cruautés qui devraient lui valoir l'exécration universelle. Le jour dont il est ici question était le dernier que Gautier et moi devions passer l'un avec l'autre; à partir du moment où j'allais le quitter, nous ne devions plus nous revoir jamais en ce monde, et rien ne nous faisait pressentir notre séparation prochaine. Si nous l'avions pu soupçonner, nous nous serions efforcés de profiter des derniers instants qui nous étaient accordés.

Nous ne nous dîmes plus que des choses de peu d'importance. Cependant, au moment de partir, je le priai de me donner un exemplaire de son dernier livre, les *Tableaux du siége,* que je n'avais pas lu et dont on m'avait dit beaucoup de bien.

— Je n'en ai plus un seul volume ici, me répondit-il. Mais ne manque pas de venir jeudi prochain. J'aurai vu, d'ici là, Charpentier; il ne me refusera certainement pas un exemplaire pour toi, et je te le remettrai en main propre.

Plus tard, quand je me rappelai cela, je ne pus m'empêcher de frémir. « Ne manque pas de venir jeudi prochain ! » m'avait-il dit.

Je ne devais point y manquer.

Le mercredi soir suivant, **23** octobre, comme j'ouvrais, sans m'attendre à rien de particulier, un journal qu'on venait de m'apporter, je tombai sur les lignes suivantes, qui, d'abord, me firent l'effet d'un non-sens :

« Une triste nouvelle nous parvient à l'instant de Neuilly-sur-Seine. Théophile Gautier a succombé ce matin aux suites de la maladie du cœur dont il souffrait depuis longtemps. »

Je ne pouvais en croire mes yeux. Je l'avais vu quelques jours auparavant; il se disait mieux portant; il m'avait bien recommandé de ne pas manquer de venir le voir le lendemain. — Ainsi, je me donnais une foule de raisons plus bêtes les unes que les autres pour me persuader qu'il ne pouvait pas être mort.

Je finis par où j'aurais dû commencer : j'envoyai acheter plusieurs journaux sur le boulevard. La nouvelle était reproduite partout. Je ne pouvais plus en douter.

Le lendemain, jeudi, je fus exact au rendez-vous fixé, mais je n'entendis point le pas appesanti de Théo faisant craquer les marches de l'escalier, comme il arrivait d'habitude quand il venait à ma rencontre; et, de même, je n'entendis point sa voix légèrement enrouée me souhaiter le bonjour; je ne restai que quelques minutes dans la maison en deuil; on me proposa de monter en haut « voir le corps »; mais je n'en aurais pu supporter la vue, et je refusai.

Sa sœur, brisée, broyée, comme ahurie par la douleur, me dit un mot qui fait honneur à elle comme à son frère.

— Il était TOUT pour nous, il représentait l'univers entier.

Et, de fait, dans la société de Théo, pour s'instruire et s'amuser, il n'était pas besoin d'avoir jamais rien lu, ni même rien vu. Il suffisait à tout, vous initiait à tout, car il avait tout approfondi, s'était assimilé toute chose.

LIII

Je fus très-long à me remettre de l'ébranlement produit chez moi par cette mort si peu prévue, si brutale. Il me semblait, il me semble encore avoir perdu une partie de moi-même, la plus élevée, la meilleure, celle qui appartient tout entière à l'art.

Gautier avait été témoin de mes débuts dans la littérature ; le premier dans la presse, il les avait encouragés, y avait applaudi ; jamais, pendant près de vingt ans, il ne m'avait marchandé ses conseils, et c'était en toute vérité que, dans la dédicace de l'un de mes livres, j'avais pu l'appeler *mon maître*. A chaque nouveau livre que je publie maintenant, son jugement me manque, je me creuse vainement la tête à me demander ce que serait ce jugement. Ainsi j'ai perdu mon guide, l'un de mes plus solides conseils. Une autre cause contribue aussi à me rendre intellectuellement inconsolable de cette mort. Plus que celles d'Alfred de Musset, de Lamartine, dE'ugène Delacroix, de Sainte-Beuve, elle a contribué à me faire douter de l'éternel bon sens qui gouverne toute chose. Si tout, dans ce trop misérable et trop cruel monde, n'est que hasards, ainsi que le soutient une opinion qui tend malheureusement de plus en plus à prévaloir, c'est bien! Qu'on ne nous parle plus de sagesse suprême. Amusons-nous, roulons-nous, comme des ânes en rut, dans les plus basses turpitudes. Pourvu que nous jouissions matériellement, grossièrement, tout est parfait, tout est complet. Foin de l'art et du Beau !

Que nous importent l'art et le Beau ? Nous ne sommes que des gorilles. Mais si, comme le pensent les esprits élevés, comme il faut l'espérer, pour s'encourager à subir d'une âme stoïque les innombrables maux de cette vie, tout a été conçu dans un admirable esprit d'harmonie et de justice, se proposant le Beau, le Bon et le Bien pour but, à quoi sert de créer des intelligences véritablement supérieures pour les retirer de ce monde après les y avoir fait horriblement souffrir, avant qu'elles aient eu le temps de donner tous les fruits que l'humanité était en droit d'attendre d'elles ? Quand l'un des plus obscurs comparses de la vile multitude est retranché de cette vie, ce n'est rien. Que ce soit lui ou un chien, ou même un insecte, le résultat est identiquement le même pour la foule pensante, qui est la seule véritablement intéressante. Mais lorsqu'un homme de génie meurt, et surtout avant l'âge où l'équilibre humain ne se soutient plus, celui qu'on peut nommer physiologiquement « l'âge légal », l'humanité subit une perte irréparable, toutes les intelligences sont en deuil.

On pouvait dire de Lamartine qu'il « avait tout donné, fait son temps. » Mais de Musset! mais Delacroix! mais surtout Gautier! Je les ai connus tous les trois, spécialement les deux derniers. Je me crois en droit d'affirmer que les œuvres qu'ils ont laissées ne sont rien, exactement rien, auprès de celles qu'ils méditaient de produire, qui étaient pour ainsi dire faites, complètes, dans leur imagination, au moment où ils furent empêchés par la mort. Et maintenant qu'ils ne sont plus, qui nous les rendra, qui nous donnera leur équivalent? Le monde, Dieu merci! n'est pas à tout jamais privé d'écrivains et d'artistes de talent. J'en pourrais citer jusqu'à six aujourd'hui, qui grouillent sur la terre, et ont encore, selon l'expression vulgaire, « quelque chose dans leur sac ». Malheureusement, ce ne sont pas les mêmes hommes. Ils égalent peut-être les morts dont je parle, mais ils sont autres. Pour Gautier spécialement, je demande la permission de manifester mes regrets. Et je suis en droit de le faire, et de douter, à son sujet, de l'impeccabilité de la sagesse divine, car, en dehors de l'admiration que j'éprouvais pour son talent, il m'aimait, et je l'aimais.

LIV

Le jour des funérailles, ne pouvant point y assister, car je ne suis malheureusement plus dans une situation de santé qui me permette de supporter impunément la vue du cercueil dans lequel l'un de mes meilleurs amis est couché, je me disposai à passer la journée à converser avec le défunt, c'est-à-dire à lire l'un de ses livres. Je m'étais procuré les *Tableaux du siége,* que je ne connaissais pas, dont sa mort m'avait fait tort, et qui, dans ma pensée, aujourd'hui que j'ai lu le volume, est une œuvre pleine d'art, d'un sentiment exquis, d'une sensibilité des plus sincèrement et des plus heureusement patriotiques. Pour mon malheur, je savais l'heure à laquelle le convoi devait quitter la maison du poëte, et, en calculant les distances, il m'était facile d'évaluer à quel moment précis il approcherait du cimetière du Nord, en cheminant tout près de chez moi, car je demeure dans le quartier.

A mesure que s'approchait ce moment, je me sentais troublé dans ma lecture, j'étais inquiet, agité, chagrin, comme si l'âme de mon ami eût quitté la région éthérée où j'aime à me figurer qu'elle réside, en bonne société, dans le but de me reprocher l'indifférence apparente dont je faisais preuve en ne m'étant pas joint à la foule des amis qui accompagnaient ses restes à leur sépulture. La chose devint enfin tellement pénible, pressante même, que j'interrompis ma lecture, fis chercher une voiture fermée, et me fis conduire à l'entrée de cette petite *avenue du cimetière du Nord,* peuplée de constructeurs de tombes et de marchands de couronnes d'immortelles, que nous connaissons tous, et un peu trop, et que quelques-uns d'entre nous connaîtront un beau jour, — ou un vilain jour, — bien davantage encore.

Il y avait une grande foule sur les boulevards extérieurs, mais c'étaient des curieux qui étaient venus là dans l'espoir d'un spectacle qui devait leur manquer, car le pauvre Théo fut inhumé sans pompe. J'avais fait stationner ma voiture à l'angle gauche de l'avenue. Là, j'étais placé de façon à voir arriver de loin le cortége. La chaussée était boueuse, il avait plu la veille, mais le temps était pur, et un tiède soleil d'automne brillait au ciel. La foule circulait tout autour de moi; de temps à autre, descendait de voiture, aux abords de la porte du cimetière, toute grande ouverte, quelque ami du défunt qui n'avait pas voulu endurer l'ennui de cheminer aux pas comptés de son cheval derrière le corbillard, tout le long du chemin qui mène de Neuilly à Montmartre, et s'en venait l'attendre sur le seuil de son dernier gîte.

J'espère que les lecteurs voudront bien me pardonner ces minimes détails et ceux qui vont suivre. L'ombre de mon ami, le plus grand descripteur des temps modernes — et mon maître, — ne s'expliquerait pas que, ayant pris le parti de publier une *Étude* sur lui, j'aie négligé de décrire la dernière scène où il a joué, — un peu malgré lui, — le principal rôle. Je décris donc. Vers les trois heures de l'après-midi, le service à l'église s'étant prolongé, grâce à la parfaite obligeance de Faure, qui, d'une voix divine, avait chanté, à l'impromptu, un *Pie Jesu* de sa composition — et les os de Théo en durent tressaillir dans le cercueil! — donc, vers trois heures, je vis soudain passer auprès de moi la tête du cortége, sous la forme d'un clairon de chasseurs à pied, lequel clairon ne sonnait pas.

Gautier étant officier de la Légion d'honneur, avait droit aux honneurs militaires, le seul jour où il ne pouvait pas s'en enorgueillir, celui de son enterrement. On l'avait donc fait convoyer par un détachement de chasseurs que commandait un capitaine. Ce capitaine, que je vois encore, avait des épaulettes d'argent toutes neuves, et marchait en tête, à la droite du corps, ainsi que les règlements militaires l'exigent. Cet infiniment petit détail me fit remarquer que les cordons du poêle n'é-

taient tenus par personne, ou plutôt que
le pauvre Théo s'acheminait vers le cimetière sans aucune espèce de poêle, n'étant
couvert que d'un simple morceau d'étoffe
noire, sur laquelle deux branches de palmes envoyées le jour même de Nice par
un ami ou un admirateur anonyme, étaient
poétiquement déposées.

Derrière le cercueil, qui me parut très-
gros et très-haut,— le défunt était ce qu'on
appelle « un homme puissant », il avait
la poitrine forte, ce qui ne l'empêcha pas
de mourir étouffé, c'est-à-dire dans l'impossibilité de respirer, — derrière le cercueil donc, à la suite du fils de Gautier et
de ses deux gendres, se pressait une foule
composée d'environ trois cents personnes,
et dans laquelle je ne distinguai que Nadar,
toujours reconnaissable à sa haute taille et
à son air délibéré. Il marchait à grands

pas, au milieu des autres, la tête nue, les cheveux au vent, portant un pardessus léger sur son épaule gauche.

Cela me fit plaisir de voir que l'excellent garçon, si sympathique, n'avait point trouvé de prétexte, comme certains que je connais, pour s'abstenir de rendre les derniers devoirs à notre ami, et surtout n'avait point été obligé, comme moi, par une circonstance de force majeure, de se priver de ce lugubre plaisir. Quoi qu'il en soit, il est bel et bien avéré pour moi que si tous les artistes, grands et petits, dont le poëte qu'on allait enterrer avait dit du bien dans ses critiques, auxquelles l'envie ne trouva jamais rien à reprocher, sinon qu'elles étaient trop bienveillantes, l'avaient conduit à sa dernière demeure, on aurait vu se presser autour de ses dépouilles une foule beaucoup plus nombreuse.

LV.

Lorsque le char funèbre, frôlant le bas-côté de gauche de l'avenue, se trouva roue à roue avec la voiture dans laquelle j'étais assis, j'éprouvai une particulière et poignante émotion, pénible en somme, et que je ne souhaite à personne. Le char roulait très-lentement, l'avenue était à pente roide, et le cercueil, en défilant ainsi devant moi, qui regardais par la portière, se trouvait constamment à la hauteur de mon visage. C'était un peu trop près pour ma sensibilité, — pour mes nerfs, — et, quoique je ne sois pas de tempérament aqueux, les larmes coulaient de mes yeux, et je me sentais le cœur en déroute.

« S'il était indispensablement nécessaire, me disais-je, qu'un homme mourût avant-hier et fût enterré aujourd'hui, la justice divine n'en pouvait-elle choisir un autre que ce pauvre Théo, si inoffensif et si doux, qui ne demandait rien aux gens, pour devenir leur ami, que d'aimer l'art et de se consacrer au culte du Beau? N'y avait-il pas sur la terre assez de plats gredins, de méchantes gens, de vieux monstres couverts de sang, à qui on aurait pu donner la préférence, et dont la mort aurait fait plaisir à tout le monde, peut-être à eux-mêmes? Celui-là qui s'en va ainsi, rudement cahoté dans sa boîte en chêne, vers le trou noir qui lui faisait une peur atroce; qui, tout à l'heure, était exposé dans la misérable petite église de

Neuilly, au toit troué par les bombes du siége, et dans laquelle, il y a quelques mois à peine, avec l'orgueil d'un père et le décorum d'un bourgeois, il conduisait sa plus jeune fille en costume de mariée, celui-là adorait les arts, la vie et toutes les choses aimables et fortifiantes qu'elle comporte : l'amitié, l'amour, l'esprit, la Beauté sous toutes ses formes.

Il les aimait si bien, ces douces choses, qu'il a passé sa vie à les décrire, dans une langue admirable, créée par lui, et je suis sûr, — autant qu'on peut répondre de soi-même en pareille matière, — que son suprême regret, quand il sentit la vie se retirer de lui, fut de se dire que jamais plus il n'éprouverait les sentiments qui faisaient son bonheur, ni ne serait plus apte à comprendre et à admirer les merveilles dont l'étude avait fait sa gloire.

Alors, pourquoi l'avoir bêtement et méchamment fait mourir, celui-là, quand il pouvait encore produire tant de si belles choses, lui qui ne demandait naïvement qu'à jouir en paix de son art et de sa pensée, sans faire de mal à personne?

J'en étais là de ma rêverie, lorsque le char funèbre, me dépassant, ne me laissa plus voir que l'une des extrémités du cercueil.

— Adieu, Théo! m'écriai-je avec force.

Nul ne me répondit, et, quelques minutes plus tard, le dernier rang des convoyeurs de mon ami disparaissait à sa suite sous la porte du cimetière.

LVI

Les actes d'honnête indépendance et d'esprit de justice font toujours plaisir à connaître, et ils ne sont pas si nombreux dans ce monde, et même dans le monde des Lettres, qu'un écrivain consciencieux cherche de mauvaises ou de bonnes raisons pour les passer sous silence. Il s'en produisit un à l'occasion des funérailles de Théophile Gautier, dont je suis heureux de parler, car il honore également et celui qui en fut l'auteur et celui qui en fut la cause.

On sait que Théophile Gautier avait, à différentes reprises, sollicité l'honneur de faire partie de l'Académie française, et qu'il avait toujours été repoussé. Le jour même de ses funérailles, 25 octobre 1872, avait lieu, au palais de l'Institut, la séance publique annuelle des cinq Académies. M. Camille Doucet, en qualité de directeur de l'Académie française, présidait cette séance des cinq Académies. Ayant à prononcer quelques paroles pour rendre compte de ce qui avait pu se passer depuis un an d'intéressant dans le monde pour l'Institut; devant parler notamment de tous les membres que chacune des Académies avait perdus; devant enfin annoncer que le prix biennal de 20,000 francs était décerné à M. Guizot, pour son dernier ouvrage sur l'histoire de France, M. Camille Doucet avait, selon l'usage, préalablement soumis le texte de son discours à une commission spéciale dans une séance particulière.

Cette séance avait lieu le 22 octobre. D'après les règlements académiques, une fois cette communication faite, aucun changement ne devait être apporté au discours du président.

Les mêmes règlements lui interdisaient également de parler en séance publique d'aucune personne étrangère à l'Institut.

Mais la mort de Théophile Gautier étant survenue entre la séance de la commission spéciale et la réunion des cinq Académies, M. Camille Doucet, qui, avant d'être un président esclave des règles et des usages, est un brave homme et un bon confrère, crut devoir prendre sur lui la responsabilité d'ajouter quelques paroles à son discours, pour honorer publiquement, dans le palais des Lettres, le grand lettré dont le nom était en ce moment sur toutes les lèvres et dont le deuil était dans tous les cœurs.

« Quand je parle de la fraternité des Lettres, dit-il, j'y manquerais, Messieurs, si je paraissais plus longtemps oublier que, à cette heure même, sur le seuil d'une tombe dont je ne me suis éloigné qu'à regret pour venir ici remplir un autre devoir, les Lettres désolées pleurent un vrai poëte, cher à tous, un brillant écrivain dont l'esprit était si français et le cœur plus français encore. De nombreux suffrages lui avaient prouvé que sa place était marquée parmi vous; et nous déplorons d'autant plus le coup rapide auquel Théophile Gautier a succombé. »

Cet hommage, rendu si à propos à un candidat de la veille, qui, je veux le croire pour l'honneur de l'Académie, pouvait être un élu du lendemain, fut accueilli avec beaucoup de faveur et de sympathie par la foule qui assistait à la séance. Les membres des cinq Académies, bien loin de reprocher à leur directeur d'avoir commis une infraction à la règle, le remercièrent de son improvisation, comme étant l'expression de leurs propres sentiments.

LVII

Et maintenant, lecteurs, j'espère que vous me rendrez la justice d'en convenir, j'ai fait pour mon ami, avec conscience, ce que tout artiste et tout écrivain voudrait qu'on fît un jour pour lui-même. Il conviendrait peut-être ici, afin de terminer cette *Étude,* de faire une sorte de résumé biographique qui condenserait en peu de mots les véritables causes de la mort de Théophile Gautier. Ce résumé, je le trouve pittoresquement et sincèrement exprimé dans une lettre que m'écrivait, quelques jours après l'événement, Gustave Flaubert. J'en vais citer quelques extraits.

J'avais été péniblement surpris d'apprendre qu'il n'avait point assisté à l'enterrement de notre ami. Je lui avais écrit pour lui demander si quelque indisposition l'avait retenu à Rouen. Il me répondit :

« Non, mon cher, je ne suis pas malade. Si je n'ai pas été à l'enterrement de notre Théo, c'est par la faute de C..., qui, au lieu de m'envoyer son télégramme par le télégraphe, l'a mis dans une lettre que j'ai reçue trente-six heures après l'enterrement...

» Je ne plains pas notre ami défunt. Au contraire, je l'envie profondément ! Que ne suis-je à pourrir à sa place ! Pour l'agrément qu'on a dans ce bas monde, autant s'en aller le plus vite possible.

» Le 4 septembre a inauguré un état de choses qui ne nous regarde plus. *Nous sommes de trop*. On nous hait et on nous méprise. Voilà le vrai. Donc, bonsoir!

» Pauvre cher Théo! C'est de cela qu'il est mort (du dégoût de l'infection moderne). C'était un grand lettré et un grand poëte.

» ... Depuis jeudi, je ne pense qu'à lui, et je me sens à la fois écrasé et enragé.

» Adieu. Bon courage. Je t'embrasse.

» G. Flaubert. »

Je partage tous les sentiments de cette lettre. Je ne les aurais pas aussi bien exprimés.

FIN.

www.ingramcontent.com/pod-product-compliance
Lightning Source LLC
Chambersburg PA
CBHW050759170426
43202CB00013B/2491